ISBN: 978-0-9905973-0-8

Autor y editor: Dr. Victor Arroyo
Septiembre 2014
E-Mail: victorarroyoarroyo@gmail.com

Diseño de la portada: Mason Balouchian
Impreso por Ad Graphics Publishing LLC
Casselberry, Florida 32707
www.adgraphicstudio.com

de Adán a Jesús

El Camino Espiritual a la Transformación del Corazón,
para lograr una vida abundante y plena

Verdades Espirituales
Dr. Victor Arroyo

Sobre el autor:

El Dr. Victor Arroyo es licenciado en farmacia, doctor en medicina, posee una especialidad en medicina interna con subespecialidad en cardiología. Fue fundador, director y dueño del primer laboratorio vascular y cardiovascular clínico, a nivel privado, en la ciudad donde practicó la subespecialidad de cardiología por veintiséis años.

Es miembro del Colegio de Médicos y Cirujanos de Puerto Rico, de la Sociedad Puertorriqueña de Cardiología y de la "Pan-American Medical Association of Central Florida", USA.

Estudió y se graduó como maestro de Verdades Espirituales en "Unity Institute of Christianity", Missouri, USA. Posee una especialidad en educación de adultos. Actualmente dedica su tiempo a escribir y enseñar. Es el autor de tres libros sobre enseñanzas y verdades espirituales:

de Médico a Maestro
de Corazón a Corazón
de Adán a Jesús

Agradecimiento:

A Annie, mi esposa y compañera espiritual.
Gracias por la dedicación de amor en la revisión y corrección del libro.

Índice:

Introducción:

Comienzo mi viaje en el silencio, frente a la computadora y la Biblia. El ritmo de mi corazón se acelera por el desbordamiento de ideas y pensamientos que fluyen a mi corazón.

Afirmo que mi corazón conoce el camino y soy paciente conmigo. Doy gracias por haber dicho si una vez más a esta invitación. Sé que la gratitud es como sello una bendición más en mi vida. *"Gracias Dios"*

El libro **de Adán a Jesús** está escrito con mucho amor para el enriquecimiento de toda persona que desee aumentar su crecimiento en comprensión espiritual, a través de conocer *el camino desde la conciencia de los sentidos hasta la conciencia espiritual.* **Es la historia del hombre en su peregrinar a la conciencia Crística.** Este sendero lo he llamado de varias maneras: *el camino espiritual para una vida sana y plena, para una mente sana, para vivir sano en mente, alma y cuerpo.* **Es el camino metafísico a la transformación del corazón.** El nombre que le demos a este sendero no es lo importante, lo maravilloso es la manera que nuestra conciencia va a ir despertando mientras atravesamos este trayecto.

Ha sido una bendición el poder facilitarles estas enseñanzas de Verdades Espirituales. Estoy seguro que todos los que emprendan este camino son bendecidos a través de su contenido.

El camino lo vamos a realizar a través del recorrido en conciencia desde **Adán hasta Jesús.** La Biblia es el libro que nos va a llevar por ese recorrido.

El propósito principal del libro es que el estudiante de la Verdad aprenda en este viaje, de una manera sencilla y clara, a entender que la Biblia es la conciencia de nosotros desde el hombre adánico (el hombre de los sentidos) hasta Jesús, el hombre espiritual.

Vamos a conocer cómo están estructurados los libros que componen la Biblia y estudiaremos lo que consideremos más significativo en el desarrollo de nuestra conciencia espiritual.

Los nuevos enfoques y conceptos a los cuales nos vamos a exponer son compatibles con algunas de nuestras creencias cristianas tradicionales, pero no así con otras. El camino en conciencia nos expande la manera de pensar, más allá de lo literal y doctrinal. Al final de la aventura vamos a lograr una conciencia plena de paz, amor, sabiduría, abundancia y fe, a través del conocimiento y el reconocimiento del Cristo morador en nosotros y en los demás.

Primera parte:

Corazón Adánico

Introducción al Antiguo y Nuevo Testamento:

A primera vista, la Biblia es una colección de documentos que fueron escritos a través de siglos por hombres de todo tipo y en circunstancias diversas. Muy contados de esos documentos que han llegado a nosotros, son originales. En su mayoría son redacciones y compilaciones de fragmentos más viejos y el nombre de los autores rara vez se sabe con seguridad. Esto no afecta en lo más mínimo el contenido espiritual de la Biblia. El libro es una fuente inagotable de la Verdad espiritual y eso es todo lo que importa.

Para expresar la verdad espiritual y metafísicamente, el mensaje se nos presenta en forma literal, histórica, en biografías, en forma poética, en parábolas y en alegorías. *La Verdad nunca cambia, lo que cambia es la interpretación que de ella hacemos nosotros.*

La Biblia es una relación de los esfuerzos del hombre por encontrar al Dios del cual él surgió. Es la consciencia del hombre desde Adán hasta Jesús. Consta de 66 libros: 39 del Antiguo Testamento y 27 del Nuevo Testamento. Contiene 3.5 millones de letras en 1,300 capítulos. En 40 horas se lee el Antiguo Testamento y en 12 horas, el Nuevo.

Si se quiere leer la Biblia, hablando normalmente se necesitan 72 horas. Cuarenta horas para el Antiguo Testamento y doce para el Nuevo. Está traducida a más de 53 idiomas y a más de 1,430 dialectos. La traducción de la Biblia Vulgata, o sea, la traducción para el vulgo (pueblo), fue hacia el año 400, cuando ya el pueblo no entendía el griego. El latín era el idioma popular.

Las primeras Biblias se escribieron en largas tiras de cueros de res, llamadas "pergaminos". Se enrollaban en dos cilindros de madera. Cada rollo era un libro. Se escribían con plumas de aves, untadas en tinta. Luego se escribieron en papiros, que eran láminas de papel sacadas de la planta egipcia llamada papiro.

La primera que se imprimió fue en 1450, por Juan de Gutenberg, inventor de la imprenta. Fue escrita en dos idiomas: El Antiguo Testamento, en hebreo, el idioma del país de Israel y el Nuevo Testamento, en griego, el idioma más popular y extendido en los tiempos de Jesús.

También se escribieron los libros Protocanónicos: "del primer canon" y los libros Deuterocanónicos: "del segundo canon". Estos libros no se encuentran en las Biblias hebreas. Los judíos optaron por excluirlos. A los libros Deuterocanónicos se les conocen con el nombre de Apócrifos, que significa *"escondidos"*.

Los *libros apócrifos* son:
- Judit
- Eclesiástico (más de mil consejos prácticos para tener éxito en la vida, del sabio Jesús Ben Sirá).
- 1 y 2 de Macabeos (sucesos heroicos de cinco hermanos Macabeos).
- Sabiduría
- Ester
- Baruet

Ni Jesús, ni los evangelistas hicieron uso de los siete libros apócrifos y sí de los treinta y nueve libros del Antiguo Testamento.

El Antiguo Testamento fue escrito por Moisés, David, Isaías, Esdras y varios profetas más.

El Nuevo Testamento fue escrito por Mateo (uno de los apóstoles), Marcos (secretario de Pedro, no fue de los apóstoles), Lucas (compañero de Pedro, no fue de los apóstoles) y Juan (otro de los apóstoles). El libro de Hechos lo escribió Lucas, al igual que el evangelio de Lucas. Juan escribió el evangelio de Juan, las tres cartas: 1 Juan, 2 Juan, 3 Juan y el Apocalipsis. Pablo escribió las cartas Paulinas y las cartas generales las escribieron; Santiago, Pedro, Juan y Judas.

Según existen los libros apócrifos, también se han descubierto los *evangelios apócrifos*. Menciono los siguientes:

- Evangelio de Tomás
- Evangelio de Santiago
- Evangelio de María
- Evangelio de la historia de José el carpintero
- Evangelio de Nicodemo
- Evangelio de Pedro
- Evangelio de Verdad
- Evangelio según Felipe
- Evangelio según Bernabé

Evangelios apócrifos:

La palabra apócrifo "significa", ocultos, escondidos. En el 1945, en el Alto Egipto, en la biblioteca gnóstica Nag Hammadi se encontraron numerosos manuscritos y actualmente un comité internacional de sabios se encarga de la edición y traducción de estos textos.

Más recientemente (2,000 E.C.) se descubrió en Turquía el libro del evangelio de Bernabé. El libro se encuentra en el museo Etnográfico de Ankara.

Uno de los más interesantes es el *Evangelio de Tomás*. En este evangelio se nos relatan acontecimientos de la niñez y adolescencia de Jesús. Me llamó mucho la atención que Jesús, antes de los doce años lleva a cabo cuatro resucitaciones. El libro "**de Médico a Maestro (Verdades Espirituales)**" contiene una lección de las tres resucitaciones que llevó a cabo Jesús en sus tres años de ministerio y los tres pasos que utilizó para llevarlas a cabo. Es maravilloso saber que en esas cuatro resucitaciones utilizó los mismos tres pasos que en las resucitaciones que llevo a cabo siendo un niño todavía.

La primera fue un niño llamado Zenón que se encontraba jugando con Jesús y otros niños, en lo alto de una casa. Este se cayó y murió. Los demás niños salieron corriendo quedándose sólo Jesús. Al llegar los padres del niño, acusaban a Jesús de haberlo empujado. Jesús dio un salto y cayó al lado del niño llamándolo por su nombre: *"Zenón, levántate y di: ¿He sido yo quién te ha hecho caer?"*. *El niño se levantó y respondió: "No, Señor, tu no me has hecho caer, sino que me has resucitado"*.

La segunda fue un joven que estaba cortando leña y que por accidente se cortó el pie y murió al desangrarse. La gente, al igual que Jesús, fueron corriendo al encuentro del joven. Jesús cogió entre sus manos el pie herido y enseguida quedó curado.

Inmediatamente le dijo al joven; *"Levántate, sigue cortando tu leña y acuérdate de mí"*.

La tercera, fue la muerte del hijo de un obrero de José, el padre de Jesús. La mamá del niño lloraba mucho la muerte de su hijo y Jesús escuchó sus llantos. Acudió Jesús donde se encontraba el niño muerto, lo tocó en el pecho y dijo: *"Yo te ordeno que no mueras, sino que vivas y te quedes con tu madre"*. Enseguida el niño abrió los ojos y sonrió. Jesús dijo a la madre, *"Cógelo, dale leche y acuérdate de mí"*.

La cuarta fue de un hombre que estaba construyendo una casa y Jesús vio que mucha gente se dirigía hacia allí. Jesús fue a ver lo que había ocurrido. Se encontró con un hombre que yacía sin vida. Le tomó de la mano y le dijo: *"Hombre, levántate y continua trabajando"*. El hombre se levantó y le adoró. La multitud, llena de estupor, decía: *"Verdaderamente este niño viene del cielo, porque ha salvado almas de la muerte y las salvará durante toda su vida"*.

El descubrimiento de estos manuscritos y su traducción me corrobora que Jesús, antes de la edad de doce años, utilizaba los mismos pasos de aceleramiento de muerte a vida, que en su edad adulta.

Este evangelio describe los milagros de Jesús entre los cinco a doce años de edad.

No podemos olvidar que estamos en el camino de búsqueda hacia la transformación de nuestro corazón. Tomás escribe en este evangelio, que Jesús dijo: *"Aquel que busque, no cese de buscar hasta que encuentre y cuando encuentre, será turbado y habiendo sido turbado, será maravillado"*.

La palabra Biblia significa **"los libros"**. El Antiguo Testamento contiene *treinta y nueve libros* y se pueden clasificar de la siguiente manera:
- Libros de la ley= 5
- Libros históricos = 12
- Libros poéticos = 5
- Libros proféticos =17

El Nuevo Testamento contiene *veintisiete libros* y se pueden clasificar de la siguiente manera:
- Evangelios = 4
- Hechos = 1
- Cartas o Epístolas = Son 21 y se dividen de la siguiente forma: Las Paulinas o de Pablo 13 y las generales que son 8.
- Apocalipsis = 1

La Biblia hebrea, desde el siglo 11 A.E.C. (antes de la era cristiana), ha consistido de los mismos 39 libros que aparecen en las tradicionales versiones protestantes, pero agrupados de tal modo que se les considera sólo 24 libros.

1 y 2 de Samuel lo agrupan en un solo libro = 1
1 y 2 de Reyes lo agrupan en un solo libro.   = 1
1 y 2 de Crónicas lo agrupan en un solo libro = 1
Esdras y Nehemías lo agrupan en un solo libro= 1
Los 12 profetas menores lo agrupan en un solo libro= 1

de Adán a Jesús contiene las fechas aproximadas en que fueron escritos los libros de la Biblia y del tiempo que abarca el relato. Las fechas son de beneficio para el estudiante ubicarse en el tiempo, a pesar de que no hay consenso en muchas de las fechas.

La Biblia puede ser estudiada literalmente o metafísicamente. Nosotros la vamos a interpretar metafísicamente (o sea, buscando el significado más allá de la interpretación literal). **Entendemos, pues, que cada uno de los personajes y eventos en la historia de la Biblia representan un aspecto de nuestro ser, de nuestra conciencia y de nuestras vidas.**

Cuando estamos pensando más allá de lo literal, los conceptos espirituales no significan lo mismo. Por ejemplo, *El concepto* **Resucitado** *es el que descubre la Verdad del Ser, se eleva en conciencia y resucita todos los días de condiciones de pensamientos negativos a pensamientos positivos.*

Cuando nos referimos al *"Ser"*, significa Dios y cuando escribimos *"ser"* en minúscula, nos referimos a nosotros.

Podemos interpretar y explorar una historia de la Biblia al igual que lo hacemos con un sueño. Los personajes y lugares en la Biblia podemos interpretarlos como simbólicos y representativos de ciertos estados de conciencia.

Las historias del Antiguo Testamento nos ayudan a descubrir aspectos de nosotros mismos, a medida que vamos interpretando la Biblia metafísicamente. La Biblia en sí representa la historia del crecimiento en conciencia, de la humanidad.

Crecimiento en comprensión espiritual es el aumento de Dios en nosotros.

de Adán a Jesús es la historia espiritual de nosotros, a través de los maravillosos personajes que iremos estudiando durante nuestro trayecto. El poder espiritual latente en nosotros lo vamos a manifestar siendo la perfecta imagen y semejanza de Dios, a la cual somos llamados a ser.

Al igual que la interpretación de los sueños, todos los personajes y eventos en cada historia de la Biblia representan un aspecto de nuestro crecimiento individual en conciencia. Toda la acción de un relato puede comprenderse a medida que ésta se desenvuelve dentro de nuestro ser.

Los elementos del relato siempre representan aspectos de nosotros.

Concordancias:

Todo estudiante interesado en estudiar la Biblia debe adquirir una edición que contenga las concordancias. Las concordancias son un índice alfabético de las palabras citadas en la Biblia, con indicación de los libros en que se pueden encontrar. Es la forma tradicional de buscar referencias.

Libros:

Génesis (1513 A E C)

Génesis significa origen o comienzo y es aquí donde comienza nuestro camino. El libro de Génesis fue escrito por **Moisés** aproximadamente para el año 1513 A E C.

El génesis nos enseña:

- <u>Un solo Dios</u> y único creador de todo cuanto existe.
- Que los seres humanos somos creados a la imagen y semejanza de Dios.
- Establece la relación de Dios con el hombre, a quien confía el dominio del mundo y para quien quiere el bien y la felicidad (a cambio de obediencia y fidelidad). Cap. 1:22
- Relata el origen del pecado y sufrimiento del hombre. Entendemos por pecado: errar, **apartarse en conciencia, de Dios**. Esto es cuando el hombre prefiere hacer su propia voluntad y no la voluntad de Dios.
- Narra, cómo ante el *"pecado"* del hombre, Dios comienza a actuar para redimirle.

El libro del Génesis está dividido en dos partes:
A = Primera parte del libro del Génesis: Cap. 1-11

Comienza *enseñando las alegorías.*

Las primeras siete historias que relata el génesis son lo que se conoce como alegorías. *Una **alegoría** es un relato ficticio que representa una realidad concreta y que a su vez se mantiene oculta. La alegoría evita por todos lados describir y dar a conocer el objeto de su narración. En una alegoría predomina la metáfora.* La metáfora usa las palabras en sentido figurado, no literal.

Una alegoría consiste en representar una idea figuradamente a través de formas humanas, animales o seres inanimados. En el lenguaje figurado, una palabra expresa una idea en términos de otra, apelando a una semejanza que puede ser real o imaginaria. El lenguaje figurado se opone al lenguaje literal. El lenguaje figurado se presta a interpretaciones, contrario al lenguaje literal. Los libros científicos y jurídicos utilizan el lenguaje formal o literal para evitar confusiones.

Si deseas abundar puedes referirte a la lección: Metodología de enseñanzas de Jesús en el libro **de Médico a Maestro.**

Alegorías:
1- La creación del universo y el hombre
2- El origen del pecado y del sufrimiento
3- El Paraíso
4- La caída del hombre
5- Caín y Abel
6- El diluvio/El Arca de Noé
7- La Torre de Babel

B = Segunda parte del libro del Génesis: Cap. 12-50

1-El origen de Israel
2-La historia de los hijos de Jacob.
3-La emigración de Jacob y su familia a Egipto.
4-Los comienzos de la nación israelita en Egipto.

El protagonista de todo el relato es Dios mismo. Juzga y castiga a quienes hacen lo malo. Protege, guía y ayuda a quienes le aman y obedecen. Es un Dios que provee y castiga, si lo interpretamos literalmente. **Este es el Dios del Antiguo Testamento**. **El Dios del Nuevo Testamento es un Dios diferente.** Es un Dios de amor, es el bien absoluto. No castiga, pues es el bien Absoluto, no tiene que perdonarte, pues no juzga. (El ser humano es el que juzga, por eso tiene que perdonarse a sí mismo y perdonar a los demás). Es Omnipresente, pues está en todo y es todo. Está tanto fuera como dentro de nosotros y en El vivimos, nos movemos y tenemos nuestro ser. Ese es el caminar que vamos a llevar a cabo. Es un caminar en conciencia desde lo externo a lo interno de nuestro ser, hasta lograr la transformación y vivir en conciencia de luz.

En la conciencia adánica todo pensamiento se sostiene en lo externo, en lo humano. En nuestro recorrido, muchas veces vamos a regresar a ese pensamiento, a esa conciencia de los sentidos, que no está mal, pero que no engrandece. A la misma vez, vamos notando en los personajes un levantamiento en conciencia espiritual y mucha inspiración de parte de ellos, para nuestro bien. Estamos dotados y llevamos el equipo necesario para también levantarnos en conciencia espiritual.

El relato de la creación del universo y el hombre, es una alegoría que fue tomada de los asirios. El pueblo Asirio era el imperio dominante.

Este relato de la creación fue una manera de explicar un proceso complejo en forma sencilla. Las teorías de la evolución del hombre y el universo han sido ampliamente difundidas, pero no se pueden explicar por días, sino paso a paso.

Los escritores son influenciados en gran medida por el momento en el tiempo en que se encuentran. Nuestra forma de pensar es influenciada de la misma manera. Es por eso que es importante saber que en nuestro camino vamos a encontrarnos y estar en contacto con diferentes culturas, pueblos y civilizaciones. Una de las civilizaciones que influyó en el autor del Génesis fue la asiria. **Esta civilización fue la más antigua del planeta.** El imperio asirio comienza 6,700 años A E C y termina 612 A E C. Si el libro de Génesis se escribió 1,450 años A E C, entonces los asirios y más adelante los egipcios, tuvieron mucha influencia en los relatos y manera de pensar de Moisés, su autor.

Otra civilización fue la sumeria, que se estableció 3,000 años A E C en regiones cercanas. Los sumerios fueron conquistados por los amorreos. El Imperio Asirio fue derrotado y pasó a ser parte del Imperio de Babilonia (Egipcio) en el 1,760 A E C hasta el 1,200 A E C. En ese periodo había muchos pueblos invasores, como los hititas y los arameos, pueblos nómadas y semitas que contribuyeron a la caída del Imperio de Babilonia.

Es interesante saber que los maestros de las tres grandes religiones del mundo fueron semitas: Moisés (Judaísmo), Jesús (Cristianismo) y Mahoma (Islamismo).

El término semita se refiere a aquellas personas cuya lengua materna provenía de una lengua que se llamó semita y que pertenecía a los pueblos árabes e israelitas. No tiene ninguna denotación biológica, sino únicamente cultural y lingüística.

Vamos a conocer las alegorías y es necesario tener un ligero conocimiento del tiempo en que fueron escritas y de los pueblos que las influenciaron. Moisés, su autor y quien, según relata la leyenda, fue hallado por la hija del Faraón, creció en la corte de Egipto y adquirió la mejor educación que podía lograrse en aquella época. Esa mente cultivada lo llevó a convertirse en el líder que logró la transformación del pensamiento de su pueblo, *de una conciencia de esclavitud a una conciencia de libertad.*

Es aquí donde comienza nuestro camino en conciencia y notaremos nuestra evolución paso a paso, siempre hacia adelante en nuestro desarrollo en comprensión espiritual.

Las personas que más han avanzado en todos los aspectos de la vida son las que han estado abiertas y receptivas en mente, alma y corazón, a cambiar y aceptar nuevas maneras y conceptos de pensamientos.

El camino que vamos a recorrer requiere que nos volvamos como niños para poder llegar a la meta en este compromiso de transformación de corazón. Es imprescindible dejar atrás todo concepto, todo prejuicio, toda idea preconcebida y estar dispuestos *a un cambio en la manera de pensar.* El camino es el levantamiento hacia un plano superior en comprensión espiritual.

Los hebreos necesitaron cambiar la manera de pensar de aquella época. Si no hubiese sido por ese cambio de pensamiento, no hubiesen podido cambiar del politeísmo al monoteísmo. En ese ambiente surge su iluminada concepción de **un solo Dios.**

Un solo Dios:
En el génesis se nos presenta un solo Dios y se nos dice que este Dios lo hace bien. Por lo tanto, nos introduce el concepto de un solo Dios, único poder, la única presencia y el Bien Absoluto.

El relato del Génesis comienza enseñando los siete días de la creación. Esos siete días o *pasos* se conocen como **el proceso creativo.** *Aprendemos que son los pasos que vamos dando en nuestra nueva relación con Dios.* Los siete días de la creación representan **nuestro proceso de pensar y tomar decisiones.**

La mente lleva a cabo el proceso de crear. Las tres fases de la mente son: **Mente, Idea y Expresión.** Las ideas divinas son una fuente inagotable en el proceso de crear. Ellas se encuentran en la supra conciencia, en lo divino en nosotros. Las ideas divinas básicas son: *fe, fortaleza, sabiduría, amor, poder, imaginación, comprensión, orden, voluntad, entusiasmo, renunciación y vida.*

Nuestro proceso de pensar, crear y tomar decisiones en nuestro camino, lo vamos haciendo paso a paso, etapa a etapa, nivel a nivel. Estos pasos, etapas o niveles en conciencia, es lo que el relato bíblico llama días.

Significados de cada *paso* o día son:

1- *Luz:* significa inteligencia, iluminación, conciencia.
2- *Firmamento:* fe, poder de hacer firmemente. La fe es estar firmemente establecido en la Verdad.
3- *Tierra seca*: poder formativo. Imaginación.
4- *Sol y luna* (las dos grandes luces) y estrellas: Voluntad y Entendimiento.
5- *Criaturas del agua y tierra*: discriminación y discernimiento. Juicio
6- *Hombre y animales*: Amor, Sabiduría
7- *Sábado*: significa día de descanso. Es la seguridad de que todo está hecho. El proceso de crear se completó. Día de bendición. **Silencio.**

Importantes definiciones para entender el proceso creativo:

*La Inteligencia Universal, Dios, crea al universo hablando en el vacío: "**Hágase la luz**"*

Tinieblas: significa ignorancia, confusión, oscuridad.
Luz: significa iluminación, sabiduría, inteligencia.
En medio de las aguas: significa posibilidades inexpresadas en la mente (superconsciente). En los libros **de Médico a Maestro y de Corazón a Corazón** están explicados el superconsciente, el consciente y el subconsciente. Te invito a que repases bien ese conocimiento, ya que nosotros sabemos mucho a nivel de nuestra mente consciente, pero muy poco o nada, de nuestra mente superconsciente y subconsciente.
Firmamento: significa cualidad y atributo de la fe. La fe es estar firmemente establecido en la Verdad.
Peces: significan pensamientos.

Aves: significan los pensamientos más elevados, más altos en la mente.

Lumbreras: significa los más altos pensamientos.

Tierra: significa el mundo manifestado.

Hombre: significa capacidad *intelectual* (Adán). Intelecto.

Mujer: significa capacidad de los sentidos, *emociones* (Eva)

Descanso: significa que el proceso de crear se completó.

Árbol del bien y el mal: significa nuestra capacidad de emitir juicio y ahí es cuando dejamos de estar en el paraíso.

Ángeles: son los pensamientos puros y limpios.

Animales: representan pensamientos de los sentidos, pensamientos arraigados, no redimidos.

La alegoría de Adán, Eva y el paraíso fue escrita por Moisés con el propósito de darle un comienzo a la historia de la humanidad.

Adán y Eva, según las creencias del Judaísmo, Islamismo y Cristianismo, fueron los primeros seres humanos que poblaron la Tierra.

Esta alegoría ha tenido el efecto negativo de crear en nuestra conciencia la mancha del *"pecado original"*. Ha medida que avancemos por el camino, este efecto negativo desaparecerá de nuestra conciencia, al reconocer nuestra divinidad. Pablo nos enseñó que *"somos hijos de Dios y si hijos, también herederos, herederos de Dios y coherederos con Cristo"*. Romanos 8:16:17

Fuimos creados a imagen y semejanza de Dios, a la idea que Dios tiene de nosotros y de Jesús. Jesús nos dice en Juan 14:19, *"El que me ha visto a mí, ha visto al Padre"*. **Imagen** es la idea de Dios de su creación. Esa imagen es un modelo ideal y ese modelo ideal es representado por Jesús y por nosotros. **Semejanza** significa que la imagen, ese modelo ideal que tiene Dios de su creación, es igual a la de su creador. Esa semejanza, esa manera igual, nos capacita a nosotros para manifestar los atributos de Dios.

Si Dios es amor, **por nuestra semejanza con el creador** nosotros somos amorosos por naturaleza divina. Si Dios es perfecto, **por nuestra semejanza con el creador**, somos perfectos y nos corresponde a nosotros manifestar o no, nuestra perfección. Es nuestra misión **expresar los atributos** de Dios, que están presentes en cada uno de nosotros. Esa es la manera de expresar nuestra semejanza con nuestro creador.

Afirmación: **Amamos a Dios, cuando amamos Su imagen en nuestros semejantes.**

Unidad: Somos uno en y con Dios.
Se nos introduce el concepto de separación de Dios en la historia del origen del pecado y el sufrimiento. El avance en conciencia en comprensión espiritual nos ha hecho realizar que solamente existe separación en conciencia, en pensamiento, porque nunca estamos separados del bien absoluto, del poder, de la omnisciencia, de la omnipresencia, Dios. En la Presencia Dios vivimos, nos movemos y tenemos nuestro ser.

La separación en conciencia es lo que conocemos como la caída del hombre. Cuando estamos en ese estado de conciencia de separación, estamos manifestando al hombre físico, al hombre **adánico** y no al hombre espiritual. La conciencia humana, de los sentidos, te puede hacer sentir separado. El Jardín del Edén es donde Adán se desarrollaría, y cultivaría todas sus facultades espirituales, bajo la dirección divina. *Decidió no seguir el plan divino y se quedó fuera del jardín.* En ese momento, la conciencia Adánica no estuvo receptiva a labrar el terreno. En otras palabras, se separó, al igual que lo hacemos nosotros cuando no seguimos en conciencia, el plan divino. Esto nos sucede porque pensamos que somos más que suficientes para seguir solamente nuestro plan. No practicamos lo que se conoce como *"la ineficacia personal"*. La ineficacia personal es el reconocer que, *"Yo por mi nada puedo"*. *"Con Dios todo es posible"*. Cultivamos y cosechamos abundantemente en el jardín de nuestro corazón cuando nos hacemos receptivos con una mente abierta a recibir, a seguir el camino.

Vamos aprendiendo desde el Génesis, desde el comienzo, a poner a Dios primero en todos nuestros asuntos y situaciones.

Dios, Bien Absoluto. Todo lo hizo bien desde el comienzo:
"Y vio Dios que era bueno".
La gloria y el honor son para todos los que alcanzamos la conciencia de unidad con Dios. Además recibimos lo que en amor Dios ha preparado para nosotros.

Adán:
En la alegoría de la creación del hombre se nos presenta por primera vez a **Adán.** El relato nos dice que luego de su creación perfecta, su conciencia y corazón se separan de su creador y se hace imperfecto en pensamiento. **Cuando esto ocurre y hay separación de la Fuente, del Creador, del Bien Absoluto,** le llamamos **"la conciencia adánica".**

Adán fue creado originalmente, iluminado y el espíritu le revelaba la inspiración y el conocimiento, pero empezó a apropiarse (a comer) de dos poderes: Dios y no Dios, bien y mal.

El libre albedrío nos brinda a nosotros el poder de decidir por uno mismo. Tenemos libertad para decidir si vamos a prestarle atención a la voz interior o a la voz externa.

La *voz externa* es la conciencia de los sentidos y la *voz interna* es la que viene de Dios.

En conciencia, para haber expresión perfecta, tiene que haber libertad perfecta. *"Conoceréis la verdad y la verdad os hará libres"*.   Juan 8:32

Si actuamos prestando atención a lo divino, todo nuestro ser se llena de luz y expresamos plenitud en nuestras vidas. Establecemos en nosotros una conciencia armoniosa, llena de posibilidades inagotables.

La expresión perfecta de lo que somos, es la idea perfecta de Dios en nosotros. La idea es el Cristo en nosotros, la semilla divina en nosotros. Somos creados a imagen y semejanza de Dios y Dios es y crea perfecto.

Cuando actuamos prestando atención a lo divino en nosotros, somos hijos perfectos de Dios manifestando su semejanza.

Si actuamos y nos dejamos sucumbir a las tentaciones de la conciencia de los sentidos, la consecuencia es una cadena de fracasos y sufrimientos.

La conciencia adánica, nos hace sufrir por estar en un estado de separación del Bien Absoluto, Dios.

En el hombre adánico, el estado de conciencia está basado en los sentidos no regenerados.

La regeneración ocurre cuando hemos unificado lo que somos: espíritu, alma y cuerpo, en unidad espiritual. Es un cambio, una transformación que comienza en la mente consciente de los sentidos y se completa en el subconsciente, donde se encuentran nuestros pensamientos erróneos. La regeneración forma una mente nueva.

Logramos la transformación en nuestro camino, cuando todas nuestras acciones están armonizadas con el ideal Crístico.

El pecado es otro concepto que es muy importante entender para poder seguir adelante y librarnos de la conciencia adánica. El pecado se nos ha implantado en nuestra conciencia desde niños. Nuestros padres, ministros, profesores y la iglesia, nos han dicho que somos pecadores. Necesitamos borrar ese concepto de nuestra mente, alma y corazón. Si hemos actuado incorrectamente ha sido por ignorancia y desconocimiento. **Errar** es una actuación incorrecta y somos nosotros mismos los que debemos trabajar con esa actuación incorrecta, a través del perdón. *"Perdona nuestras ofensas así como nosotros perdonamos a los que nos ofenden"*. Jesús, al igual que Juan el Bautista, desde el comienzo de su ministerio, nos habló del arrepentimiento. El arrepentimiento y la transformación son en conciencia. El Dios del Nuevo Testamento no juzga, no castiga, nos ama incondicionalmente. Dios es el Bien Absoluto. Jesús, en la cuarta bienaventuranza nos dijo: *"Bienaventurados los que tienen hambre y sed de justicia, porque ellos serán saciados"*. Justicia es el recto pensar.

Cuando cometemos un error, lo sabemos sin que nadie nos lo diga. El haber tomado un camino inferior (errar), no es nuestra naturaleza. Nuestra naturaleza es adelantar y no retrasarnos en nuestro camino espiritual. Nuestra naturaleza es seguir la Luz del sendero y no la oscuridad. Si somos sinceros con nosotros mismos, aceptamos cuando hemos errado. Nuestro espíritu sólo se identifica con la Luz (Dios). A través de lo divino de Dios, la semilla divina implantada en nosotros, *"el Cristo"*, expresamos y manifestamos lo más elevado en nosotros. Es por eso que cada vez que seguimos la Luz, sentimos y expresamos el bien de Dios.

Continuamos el camino y en este relato de la creación es donde por primera vez se nos presenta el concepto de **Alma**. Gén.2:7 nos dice: *"Con el soplo o aliento de vida, el hombre vino a ser un alma viviente"*. El hombre espiritual fue creado por la Mente Divina, la cual es perfecta y crea y trae a vida lo perfecto. Como alma viviente, el hombre participa y recibe de lo divino, de lo sublime. El alma del hombre además participa y recibe de los sentidos, de lo humano. Está de nuestra parte decidir recibir de lo divino y sublime, para poder espiritualizar nuestra alma.

Como **alma viviente** tenemos la libertad de decidir y escoger entre seguir el camino de la voz interna o la externa. Lo correcto y lo propio es dejar que nuestra alma complete su trabajo de transformación en este plano de vida. Permitir que nuestra alma se unifique con nuestro espíritu nos conduce a la eternidad de Dios ahora y siempre. *El Hombre se hace un alma viviente cuando su espíritu, alma y cuerpo se hacen uno en y con Dios*. Cuando en el Antiguo Testamento hablamos de oír la voz, esto lo que significa es seguir la guía divina. El libro **de Corazón a Corazón,** en el capítulo cinco enseña la conexión corazón inteligencia, guía divina, de una manera sencilla y clara.

En el camino vamos a encontrarnos con personajes que escucharon la voz. El relato de Elías, nos dice que el caminó 40 días y 40 noches hasta el monte Horeb, se metió en una cueva temiendo por su vida y en el silencio de ese lugar fue que oyó la voz de Dios: *"Un silbo apacible y delicado"*.   *1 Reyes 19:12*

21

La alegoría de Caín y Abel nos va enseñando a reconocer los tres niveles del pensamiento. Caín representa pensamientos terrenales. Actuación egoísta y celosa en el pensar y sus consecuencias. Por el contrario, Abel representa pensamientos espirituales. Muchas veces el pensamiento espiritual puede ser *vencido temporeramente* por el terrenal, o de los sentidos. Nuestra alma está llamada a espiritualizarse. Esto lo logramos, transformando nuestra manera de pensar y así resurge una nueva conciencia espiritual en nosotros. En el relato de la alegoría, esta nueva conciencia es Set. Set sustituyó a Abel.

En el sendero que hemos emprendido tenemos claro los siguientes conceptos:

1-Hay un solo Dios:
En el génesis se nos presenta un solo Dios y se nos dice que este Dios lo hace bien. Por lo tanto, nos introduce el concepto de un solo Dios, el único poder, la única presencia, el Bien Absoluto.

Es necesario reconocer solo el bien si queremos expresarlo. Es el ojo sencillo. No podemos ver bien y mal.

Tampoco podemos hablar bien y mal. Hablar bien es bendecir, decir bien las cosas. Hablar mal es maldecir, decir mal las cosas.

2-Separación en conciencia/en pensamiento:

Se nos introduce el concepto de separación de Dios en la historia del origen del pecado y el sufrimiento. El avance en comprensión espiritual nos ha hecho realizar que solamente existe separación de Dios en conciencia, en pensamiento, porque nunca estamos separados del Bien Absoluto, del Poder, de la Omnisciencia, de la Omnipresencia.

3-Dios Bien Absoluto. Todo lo hizo bien desde el comienzo: *"Y vio Dios que era bueno"*.   Génesis 1:10,12,18,21,25,31,

Alegoría, Noé y el diluvio:

En esta alegoría se introduce el concepto del **"arca"**. El arca representa un estado positivo en conciencia Dios, habitar en el conocimiento de la Presencia. A nosotros, como a Noé, se nos ordena construir un arca, en la cual habitamos en el estado de conciencia Dios. Cuando estamos en estados de conciencia adversos, negativos o destructivos, podemos entrar en el arca que hemos construido con nuestras oraciones, afirmaciones y prácticas de meditación.

En el sendero vamos a llevar **el arca en lo externo** con los hebreos y ésta se va a ir transformando en un concepto espiritual, **en lo interno**.

El arca acompañaba a los hebreos en su sendero, hasta llevarla al templo. Hoy sabemos que el templo es el **corazón** de nosotros. No está limitado a paredes de madera y piedras. Tampoco está circunscrito a credos, ni formas. El Espíritu de Verdad es la guía que nos conduce a la Verdad Absoluta.

Se introduce también el concepto **"altar"**. Este representa los estados y sentimientos tormentosos en nuestra mente, que sacrificamos y los transformamos por ideas y sentimientos espirituales.

Se introduce además, **las tres fases de la mente,** representadas por los tres hijos de Noé. Sem representa la supra conciencia o mente espiritual, Cam la conciencia sensorial, lo físico, lo humano y Jafet, la mente subconsciente. Vemos que el que más se destacó fue Sem, el más espiritualizado de los tres. Fue a través de Sem que el hombre continuó espiritualizándose.

Vamos a estudiar las órdenes que les dio Noé a sus hijos:
Bendecido sea Jehová, el Dios de Sem
y será Canaán su siervo.   Génesis 9:26
Dará Dios ensanche a Jafet,
y habitará en las tiendas de Sem
y será Canaán siervo de ellos.   Génesis 9:27

Aquí se nos dice que tanto el hombre físico, lo humano, (Cam) y el intelecto o razonamiento, (Jafet) deben habitar bajo la protección de la conciencia espiritual (Sem).

En la Biblia citan a los semitas como los descendientes de Sem, el primer hijo de Noé. Los semitas eran un grupo de pueblos que hablaban la misma lengua semítica. Esto incluye árabes y judíos. Moisés, Jesús y Mahoma fueron descendientes de los semitas.

de Corazón a Corazón tomo # 2 de Verdades Espirituales, en el capítulo *Corazón/Conciencia* se **enseña,** de una manera clara y sencilla, todo lo relacionado con nuestra mente; supra consciente, consciente y subconsciente.

La primera vez que en la Biblia se menciona la palabra pacto es en Génesis 6:18.

Primer pacto o promesa entre Dios y Noé: *"No habrá más diluvio para destruir la tierra"*.   Génesis. 9:11

Al finalizar el relato del diluvio, Moisés, su autor, sella el pacto con el arco iris. Génesis 9:13-17. En este relato aparecen los hijos de Noé y sus descendientes. Este es el primer pacto en el Antiguo Testamento. Moisés aprovecha la oportunidad para introducir por primera vez el Imperio de Asiria.   Génesis 10:11
Asiria es el Imperio y la civilización dominante en ese tiempo en la historia.

Alegoría, La Torre de Babel

Esta alegoría nos enseña los resultados negativos que obtenemos en nuestra vida cuando solamente nos enfocamos en las cosas materiales y trabajamos sin contar con Dios.

Los descendientes de Noé construyeron una ciudad y trataron de construir una torre que llegara al cielo. Para ello, utilizaron materiales como ladrillos, que simbolizan lo material y por supuesto, fracasaron en su proyecto.
La razón del fracaso es que no llegamos al cielo a través de medios materiales.

El cielo es un estado de conciencia en armonía con los pensamientos de Dios. Es el Reino del eterno bien. Está dentro de cada uno de nosotros. Es vivir en la presencia Dios. El cielo existe, pero no como creíamos originalmente. En el estado de conciencia de cielo, no hay tiempo ni espacio. Cielo y Paraíso significan estar en la Presencia Dios. Cuando pensamos, sentimos y actuamos desde nuestra divinidad, nos encontramos en ese estado, en el cielo. Por el contrario, cuando nos separamos en conciencia y comenzamos a pensar, sentir y actuar negativamente, estamos en un estado de conciencia de infierno.

Nuestros pensamientos nos pueden mantener en **el Cielo** o **en la Tierra**; en los estados espirituales más elevados, puros, perfectos y sublimes o en los más negativos, impuros e imperfectos. Cuando en la Biblia se menciona la tierra o el mundo, muchas veces lo que significa es lo externo, lo pasajero, lo imperfecto, lo relativo. Cuando se refiere al Cielo significa lo absoluto, lo que no cambia, lo verdadero.

Somos nosotros, a través de nuestra manera de pensar, los que decidimos cual estado de conciencia vamos a mantener en los retos y situaciones.

Nuestra alma posee la cualidad de apropiarse tanto de lo humano como de lo divino. En ese ir y venir nuestra alma logra espiritualizarse si se apropia de lo divino. Jesús nos lo decía de la siguiente manera: *"Estoy con ustedes y voy al Padre".*

De aquí en adelante ya podemos entender que el sendero que estamos recorriendo es espiritual. Por lo tanto, sabemos ya que el cielo físico es el espacio que rodea a la tierra. Es el cielo o firmamento donde disfrutamos del volar de las aves, de las nubes, de la lluvia, de una linda puesta del sol y del encanto de la luna.

Lo mismo sucede con el infierno. De aquí en adelante sabemos que el **infierno** es un estado de conciencia. Es bueno saber que cuando nos remontamos a la historia, en el pasado los pueblos tenían que echar los desperdicios de todo tipo en algún lugar. A ese lugar, que se encontraba en las afueras de la ciudad se le llamaba *"inferno"*. Ese lugar se mantenía prendido en fuego y funcionaba como un crematorio.

El infierno es un estado mental correctivo. Si llegamos a un límite errando en pensamientos y acciones vamos, a ser sancionados en pensamiento, al poner en marcha la ley retroactiva (La ley de causa y efecto). *Si dejamos de errar, las impurezas de nuestro carácter se queman, este es el fuego purificador que se hace referencia en la Biblia..* Al eliminar de nuestra mente pensamientos negativos y de error, la totalidad de nuestro ser se purifica y salimos del estado de conciencia de infierno.

Muchas religiones han mantenido el concepto como un lugar de castigo, de sufrimiento, de dolor y miedo, donde el fuego te quema físicamente. Nuestro subconsciente, que no discierne, ha memorizado esa información. Cada vez que sentimos emociones negativas de coraje, envidia, celos, odio, desobediencias, desarrollamos sentimientos que nos hacen sentir en el llamado estado de *"infierno"*. Si los pensamientos, sentimientos y acciones nos mantienen en ese estado de infierno, entonces el infierno es un estado de conciencia. El estado de conciencia adánica nos aleja del estado de conciencia de *"cielo"*.

Jesús nos promete el reino de los cielos y nosotros somos los reyes y reinas del Reino de los Cielos.

La manera más sencilla y práctica para darnos cuenta si estamos en el estado de conciencia de cielo es si estamos en paz. Recordemos que **todo lo que nos da paz viene de Dios** y por el contrario, lo que no nos da paz, no viene de Dios. **La paz es la serenidad del alma.**

Aclarado este concepto, seguimos el sendero para conocer a nuestros patriarcas.

Patriarcas:

Los patriarcas fueron los padres, las cabezas de las generaciones de Israel hasta la generación actual. Los patriarcas fueron:

Abraham, Isaac y Jacob.

Vamos a conocer a **Abraham:**

El primer líder, patriarca y profeta. *Con Abraham comienza la historia del pueblo hebreo.* Se le conoce como el *"Padre de los Hebreos"*. Esto fue debido a que se convirtió en el líder del pueblo hebreo al este separarse de las tribus semitas a las cuales pertenecía. Los semitas fueron su tribu original, cuyos antecesores fueron los babilonios, los asirios, los arameos y los fenicios.

Abraham se estableció en Canaán. *Los descendientes de Abraham son llamados y conocidos por hebreos. Hebreos fue el nombre que los distinguió como raza. Israelitas fue el nombre religioso. Luego, a partir de los libros de Edras y Nehemías, se conocen los hebreos o israelitas, como judíos.*

Más adelante vamos a saber dónde termina la historia del pueblo hebreo y donde comienza la historia del pueblo judío. Podemos adelantar que fue a partir de los libros de Edras y Nehemías.

Abraham representa la fe en el Antiguo Testamento y **Pedro es el representante de la fe en el Nuevo Testamento**.

El relato del acontecimiento en que Abraham obedece la voz interna y se dirige al *"Monte"* a entregar a su *unigénito* nos demuestra su estado de conciencia de obediencia y fe. En el Nuevo Testamento se nos relata el mismo acontecimiento, pero al nivel más amoroso que el hombre ha podido escuchar. Este acontecimiento, podemos decir que tiene similitud con lo acontecido a Jesús en el Monte Calvario, donde se cumple la promesa de la entrega del unigénito de Dios, para la salvación de la humanidad.

*"Porque de tal manera amó Dios al mundo, que ha dado a su Hijo **unigénito**, para que **todo aquel que en El cree**, no se pierda, mas tenga vida eterna".*   Juan 3:16

Aquí se establecen dos conceptos:

1- El requisito es **creer** en Jesús el Cristo. Él es el Camino, la Verdad y la Vida.

2- Unigénito: (Hijo de Dios) A nivel espiritual, nosotros somos hijos unigénitos del mismo Padre. *A nivel o plano físico, tenemos diferentes padres y a nivel espiritual somos hijos de un mismo Padre, Dios.*

Los Pactos en el Antiguo Testamento:

En el Antiguo Testamento se sellaban los pactos, al igual que lo hacemos nosotros en la actualidad. Nosotros sellamos un documento con sellos notariales y legales, para luego inscribirlos.

Primer Pacto:

- *"No habrá más diluvio para destruir la tierra".*
           Génesis. 9:11
- Este pacto fue sellado con el símbolo del arco iris.   Génesis 9:13
  "Esta es la señal del pacto que he establecido".   Génesis 9:17

Segundo Pacto:

- Fue con Abraham. *"Te bendeciré y multiplicaré tu descendencia como las estrellas del cielo y como la arena que está a la orilla del mar".*

  Génesis. 22:17
- Este pacto fue sellado con el símbolo de la circuncisión. Génesis 17:10-11

El significado de la circuncisión no es el mismo que le damos literalmente. Cuando el hombre avanza en conciencia, su significado alcanza un nivel superior. *La circuncisión es cortar tendencias humanas,* y como dice Pablo: **"La circuncisión es la del corazón, en Espíritu y no según la letra".** Romanos 2:29

Este pacto o promesa no se refería a la descendencia física de Abraham, sino a la humanidad entera, a nosotros. Dios es el Bien Absoluto y si nos mantenemos en conciencia de bien, todo nos es añadido. Se nos añade Paz, Armonía, Prosperidad, Salud, Amor, Guía, etc. No importa dónde nos encontremos, ahí está Dios. Abraham se encontraba en tierra extranjera y Dios le multiplicó, junto a su descendencia, todo Su bien. *"Te bendeciré y multiplicaré tu descendencia como las estrellas del cielo y como la arena que está a la orilla del mar".*

Génesis Cap.22:17

Esa promesa es para que se transmitiera de generación en *generación.* Salir a una nueva tierra, simboliza cambiar a una nueva manera de pensar, a una nueva conciencia, para ser bendecidos y ser de bendición. Ya, a los 75 años, Abraham había madurado suficientemente en conciencia, cuando *oyó la voz* del Señor. Leer la historia de Abraham, Sara, su hijo Isaac y la historia de su sacrificio. Génesis 22

La voz del Señor, en el Antiguo Testamento, *es la guía divina* en el Nuevo Testamento.

El Señor en el Antiguo Testamento, *es el Cristo* en el Nuevo Testamento. *"Cristo es el Señor".*   Colosenses 3:24

Cuando Sara, esposa de Abraham pasa a otra dimensión de vida, él la lleva a morar en un terreno que compra en Canaán. Esa tierra va a ser el lugar donde los israelitas y los profetas vivirían.

Abraham tuvo un hijo con la sierva de Sara, la egipcia Agar. Su nombre fue **Ismael.**

Isaac, hijo de Abraham, tuvo dos hijos: Jacob y Esaú.

Las historias de ellos dos son una maravilla por su gran contenido metafísico.

Jacob:

- Relato de la historia de Jacob y Esaú (Estudiar literal y metafísicamente).   Génesis 25:19
- La lucha de Jacob con el ángel, fue una lucha para liberar su alma y recibir la bendición. Recibió un nuevo nombre, **Israel**. Gn. 32:22-32 Jacob dijo que vio a Dios cara a cara.
- Relato de la historia de su hijo: José y sus hermanos (Estudiar literal y metafísica) Gn. 37

Al final del Génesis:
- Vemos a Jacob con su familia llegar a Egipto.
- La muerte de Jacob.
- José le pide a Faraón permiso para llevarlo a enterrar a Canaán.

♥ Éxodo ♥ (1512 A E C)

Continuamos el recorrido del camino que emprendimos en conciencia. La palabra éxodo significa "salida" o "emigración". El libro de Éxodo se llama así porque el primer acontecimiento que relata es la salida de los israelitas de Egipto, bajo la dirección de Moisés. Egipto significa oscuridad, ignorancia y esclavitud.

La salida de Egipto representa una salida en conciencia de esclavitud a una de libertad y conocimiento. Moisés los conduce hacia Canaán, la tierra que le había prometido a sus antepasados, los patriarcas, pero nunca lo logra. Más tarde, quien los entra a la Tierra Prometida es Josué. En este libro la figura central es Moisés.

El libro de Éxodo puede dividirse en tres partes:
A =Primera parte: Capítulo 1-15:21
- La historia de la esclavitud de los israelitas en Egipto.
- El nacimiento y vida temprana de Moisés.
- El llamamiento de Moisés en el desierto.
- Su enfrentamiento con Faraón.
- La institución de la Pascua.
- La salida de Egipto.

B =Segunda parte: Capítulo 15:22-hasta Capítulo 24:18
- Refiere los incidentes del viaje por el desierto hasta llegar al Monte Sinaí.

C = Tercera parte: Capítulo 25-40:38
- Habla de la proclamación del pacto y de la Ley.
- Contiene los Diez Mandamientos.

- La promesa de la Presencia de Dios acompañándonos siempre.

"Mi presencia va contigo". Éxodo 33:14

En nuestro camino a la conciencia Crística es bueno que sepamos que desde el comienzo se nos ha prometido, al igual que a Moisés, que nunca estamos separados. La Presencia Dios nos acompaña siempre. Dios es Presencia y en la Presencia Dios vivimos, nos movemos y tenemos nuestro ser.

- Describe la construcción del santuario en el desierto y las ofrendas para el mismo.

El nuevo rey de Egipto le dijo a los egipcios que los israelitas se estaban multiplicando mucho y esto iba a ser peligroso para ellos. Manda a matar a todo niño varón.

Relato historia de **Moisés**, llamado a Moisés en el monte Horeb (zarza), Yo Soy el que Soy. Tiempo de esclavitud en Egipto, 430 años. Los 10 mandamientos, Cap. 20. Ver único mandamiento con promesa. Construcción del arca (el tabernáculo) Cap. 33: 14 *"Mi presencia irá contigo".* En el arca se encontraban las tablas donde estaban escritos los diez mandamientos, la vara de Aarón y un pote de oro que contenía el maná. El arca representa la urna donde se encontraba la Presencia Dios. En segunda de Crónicas el arca desaparece de las Escrituras. Durante el día las nubes protegían a los israelitas en el trayecto por el desierto. Durante la noche, una columna de fuego los alumbraba, calentaba y protegía. Se dirigían a la tierra que destila leche y miel, la Tierra Prometida.

Yo Soy el que Soy: *Yo Soy es el nombre de Dios.* Moisés, cuando escribe el libro, deseaba en su corazón que nosotros estuviésemos bien conscientes de la Presencia Dios.

Deseaba que en cada ocasión que mencionáramos la palabra **Yo Soy,** se avivara nuestro poder y lo que expresáramos se concretizara. *"Moisés le preguntó a Dios, ¿Qué les digo si me preguntan quién me envió?, ¿Cuál es su nombre? "Dios le contestó"; diles, **Yo Soy** me envió a ustedes".* Éxodo 3:13-14

Cuando utilicemos las palabras **Yo Soy,** hagámoslo positiva y afirmativamente. Cuando las usamos negativamente, estamos mencionando el nombre de Dios en vano.

En estos relatos vamos a encontrar enseñanzas y significados metafísicos, entre ellos:

- *Egipto* significa casa de servidumbre o esclavitud.
- *Moisés* significa salido de las aguas.
- *El número 7* significa tiempo de cumplimiento espiritual y también significa, plenitud.
- *El número 40* significa, tiempo de madurez.
- Moisés edificó un altar con *doce* , que representan las doce tribus de Israel. **Las *doce tribus de Israel** representan los doce discípulos* del nuevo testamento. Los nombres de los doce discípulos son:
  Pedro, Andrés, Santiago el hijo del Zebedeo, Juan, Felipe, Bartolomé, Tomás, Mateo, Santiago el hijo del Alfeo, Simón, Tadeo y Judas.

Moisés: Nos dio la ley de afirmación y negación.
(Los diez Mandamientos).
Jesús: Nos dio la ley de afirmación y amor.
(Las Bienaventuranzas, en el Sermón del Monte).

Tercer Pacto:

Pacto de Moisés:
- Pacto: Si tú mantienes la ley, incluyendo los diez mandamientos, todo estará bien.
- Este pacto fue sellado con las tablas de la Ley: Los diez Mandamientos.   Éxodo 20:1-17

"Honrar a tu Padre y a tu Madre, para que te vaya bien y seas de larga vida sobre la tierra". Es el primer mandamiento con promesa.   Efesios 6:2
"Honra a tu padre y a tu madre, para que tus días se alarguen en la tierra".   Éxodo 20:12

♥ Levítico ♥ (1450-1410 A E C)

Los levitas son los miembros de la tribu de Leví. Eran sacerdotes o auxiliares de los servicios religiosos. Cuidaban y estaban a cargo del templo.

La razón que se le dio el nombre de Levítico a este libro fue:
- Porque contiene los reglamentos y preceptos para la labor que realizaban.
- Contiene las disposiciones, rituales y ceremonias para el culto.
- Contiene las leyes para la pureza ritual.
- Reglas de alimentación para poder mantenerse sanos en el ambiente desértico en que se encontraban.

- Se describe la forma y protocolo de cuarentena, supervisada por el sacerdote, en la enfermedad de lepra, que era contagiosa y frecuente.
- En este libro se encuentran las grandes festividades religiosas del pueblo hebreo.
- En el Cap.19:16 nos damos cuenta de una práctica muy antigua que debemos superar y que se encontraba entre sus leyes: *"No andarás chismeando entre tu pueblo"*.

Tema central del libro: **La santidad del "Dios de Israel" y el deber del pueblo de observar una vida de pureza.**

Podemos dividir el libro de Levítico en cinco partes:

- Primera parte: La ordenación de Aarón y sus hijos, como sacerdotes.
- Segunda parte: Las leyes sobre pureza e impureza.
- Tercera parte: Celebración del día de la expiación.
- Cuarta parte: Los preceptos y la santidad en la vida y en el culto.
- Quinta parte: Se cita uno de los grandes mandamientos: el amor al prójimo, *"Amarás a tu prójimo como a ti mismo"*.

Levítico 19:18

♥ Números ♥ (1440 A E C)

- El libro hace referencia a los censos levantados por Moisés.

- Se dan las cifras o números de los israelitas, tribu por tribu, así como de su ejército.

- Contenido del libro:
  Es en cierto modo, continuación del libro de Éxodo. Contiene lo sucedido a los israelitas en el desierto, desde su partida del Sinaí hasta su llegada al este del Jordán (40 años).

- Los primeros nueve capítulos del libro describen los preparativos para reanudar la marcha. Describe además la celebración de la segunda pascua.

- Los siguientes doce capítulos contienen los acontecimientos ocurridos entre el Sinaí y la llegada a Moab. Se hace un resumen de las diferentes jornadas y de los sucesos ocurridos.

- Los últimos cuatro capítulos: Se dan importantes instrucciones previas al cruce del Jordán.

- La importancia del libro es que muestra el ánimo del pueblo israelita bajo la prueba del recorrido por el desierto. A menudo se sentían desalentados, otras veces acobardados y en rebeldía con Dios y Moisés. Otras veces estaban dispuestos a obedecer y disciplinarse.

- Lo que resalta del libro es la lealtad de Dios a su parte del pacto, la paciencia y constancia en el cuidado de su pueblo, a pesar de la debilidad y desobediencia de éste. Además, la fidelidad y fortaleza de ánimo de Moisés, que aunque a veces cae en la impaciencia, su devoción por Dios y por su pueblo, no disminuye.

Reflexionemos sobre el desierto, sobre nuestros pensamientos, sentimientos y acciones y en la Presencia Dios.
Reflexionemos en que aunque seamos infieles en pensamientos y acciones, Dios siempre es fiel.   Salmo 117:2

♥ Deuteronomio ♥ (1400 A E C)

Este libro significa: *"Repetición de la Ley"*. Se le llama de esa manera, porque *en este libro, por segunda ocasión se presentan "Los Diez Mandamientos", ya que muchos de los que conocieron los primeros mandamientos que Moisés les presentó, habían fallecido.*

El libro incluye:

- Moisés hace un repaso o recordación y una segunda exposición de la Ley recibida en el Sinaí.
- Esto lo hace por medio de dos grandes discursos, antes de la entrada en la Tierra Prometida.
- Incluye recuentos de los grandes sucesos ocurridos desde la salida de Egipto.

- El tema central del libro es: Dios no sólo ha liberado a su pueblo escogido y amado, sino que lo ha bendecido y guiado, en su larga peregrinación.

Reflexionemos y demos gracias por todas las bendiciones recibidas y por las que vamos a recibir.

Los capítulos claves del libro son: cuarto, quinto y sexto.

En el sexto, se menciona el que Jesús llamó **el mayor de los mandamientos**:

"Ama al Señor tu Dios con todo tu corazón, con toda tu alma y con todas tus fuerzas".   Capítulo 6:5

Los discursos de Moisés:
Cap. 1-4   Es un resumen histórico de las experiencias en el desierto.

Cap. 5-26   Establece leyes, reglas y advertencias, basadas en los Diez Mandamientos.

Cap.27 y 28 Moisés instruye al pueblo con relación a la entrada a Canaán.

Cap. 31-34 Se despide del pueblo, sintiendo próxima su partida de esta existencia. Deja **a Josué** como su sucesor. Mirando de lejos la Tierra Prometida, muere en lo alto del Monte Nebo.

Estos cinco primeros libros de la Biblia se conocen como **"Pentateuco" o "Libros de la Ley"**.

Nuestro camino nos lleva a una salida que es de suma importancia en el recorrido, la salida de Egipto. *Pasamos de esclavitud, que significa ignorancia, a libertad, que es el conocimiento. Vamos a recorrer desde un camino oscuro, a uno claro y de luz.*

Nosotros comenzamos el viaje a la Tierra Prometida cuando nos surge el deseo de ser libres de esclavitud e ignorancia.

♥ Josué ♥ (1400-1370 A E C)

El tema central del libro: la Tierra prometida. Josué fue el sucesor de Moisés y quien conduce a los israelitas (hebreos) hacia la fase final de su migración por el desierto y entrada a Canaán (Tierra Prometida), donde se establecen.

- El llamado a Josué*: " Esfuérzate y sé valiente, para cuidar de hacer conforme a toda la ley que mi siervo Moisés te mandó; no te apartes de ella ni a diestra ni a siniestra, para que seas prosperado en todas las cosas que emprendas".* Josué 1:7

- Otro versículo clave: *"Nunca se apartará de tu boca este libro de la ley, sino que de día y de noche meditarás en él, para que guardes y hagas conforme a todo lo que en él está escrito".* Josué 1:8

Nota: Reflexiona y medita en estos versículos.

41

Una vez los israelitas pasan el Jordán, entran a la tierra prometida, la tierra que fluye leche y miel. La ciudad que habían de conquistar era Jericó. El relato de la conquista de Jericó es muy interesante y el autor utiliza la numerología muy acertadamente.

"Rodearéis la ciudad todos los hombres en guerra y siete sacerdotes llevarán siete bocinas de cuernos de carnero, delante del arca. Al séptimo día daréis siete vueltas a la ciudad y los sacerdotes tocarán las bocinas".   Josué 6:4

En la Biblia, el número siete significa **perfección, plenitud y excelencia.**

Josué 6:5.   *"Cuando toquen prolongadamente las bocinas, todo el pueblo gritará a gran voz y el muro de la ciudad se caerá".*

En la actualidad, a Jericó se le considera la ciudad más antigua que existe en el planeta y que aún se mantiene de pie. Forma parte del patrimonio cultural histórico, protegido por la UNESCO. En el mes de mayo del 2013 cumplió 10 mil 103 años de haber sido fundada. Esta ciudad fue fundada por los cananeos. Está localizada cerca del río Jordán.

En el capítulo 24:11 se hace mención a los moradores que se encontraban en esa región cuando llegaron los israelitas. Estos eran los amoreos, ferezeos, cananeos, heteos, gergeseos, heveos y jebuseos.

Es importante saber que al llegar los israelitas a Canaán, se exponen a la religión y costumbres de los cananeos. La religión de los cananeos era el Baalismo. Eran idólatras y adoraban falsos dioses. Una religión inmoral y no espiritual. De ahí en adelante, todos los profetas y líderes espirituales prevenían al pueblo del peligro de adorar falsos dioses y a no seguir la adoración del Baal. En ocasiones, los israelitas se mezclaban con ellos y adquirían sus costumbres. En el próximo libro vamos a encontrarnos con Sansón, personaje muy conocido, que se casó con una filistea en desacuerdo con sus padres.

♥ Jueces ♥

Se cree que el autor del libro es Samuel y abarca el periodo desde la muerte de Josué hasta el nacimiento de Samuel, aproximadamente 350 años. El pueblo hebreo, en este tiempo, es gobernado por unos jefes llamados jueces. El libro se completó en el año 1100 A E C.

Después de la muerte de Josué se levantó una generación que no conocía de Dios ni de la obra que Josué había hecho por Israel. Habían salido de Egipto y se fueron tras otros dioses, los dioses de los pueblos que estaban a sus alrededores.

Cuando no conocemos las verdades espirituales y no sabemos que la fuente de todo es Dios, nuestro corazón se va tras otros dioses. Esos dioses son el egoísmo, la avaricia, la maldad, la envidia, el amor al dinero, el poder………

Cinco jueces fueron los que más merecen ser mencionados:

- **Débora**, la única mujer juez.
- **Gedeón** fue el juez que subyugó a los madianitas. La historia de Gedeón está llena de magníficas lecciones espirituales.

  Jueces 6:11-8:33
- **Jefté** representa los pensamientos verdaderamente espirituales, en conciencia.
- **Sansón**. Para su época los filisteos amenazaban a los hebreos. Él tenía el deseo y la fuerza para vencerlos. Pero se dejó vencer por fuerzas que aún no habían sido redimidas en él. Al dejarse cortar el cabello, que representa vitalidad, su fuerza física desaparece, por faltar el principio vital. El cuerpo físico se debilita y sucumbe.

  Capítulo 13-16

En la historia de Sansón se nos ofrece por primera vez en la Biblia lo que se conoce como un **enigma o acertijo,** que es una composición generalmente en verso, de significado intencionadamente oscuro o ambiguo. *"Del devorador salió comida y del fuerte salió dulzura"*. Jueces 14:1-20

- **Samuel** es considerado como el último y más grande de los jueces o caudillos. Samuel siempre demostró su deseo de escuchar la voz de Dios y su respuesta al oírla fue:
  "Heme aquí". 1Samuel 3: 1-4
  "Habla, que tu siervo escucha". 1Samuel 3:10

44

♥ Rut ♥

El autor del libro fue Samuel. El tiempo del relato fue durante la gobernación de los jueces, 1090 A E C. Este libro comienza en el país de Moab (pagano) y finaliza en Belén.

- En el relato hay tres personajes: Noemí, Booz y Rut, la heroína.
- Rut es el primer libro de la Biblia dedicado a una mujer y el segundo libro es el de Ester.
- Noemí, suegra de Rut, es la mujer sabia y generosa, que sabe dar la orientación en el momento oportuno y de ese modo logra ver sus deseos cumplidos.
- Booz es el propietario del campo. Este era bondadoso y afectuoso con la joven moabita.
- Rut, se casa con Booz. Su persona reúne las hermosas cualidades de amabilidad, cariñosa, emprendedora, audaz y madre feliz.
- Booz pertenece a los antepasados del rey David, así que Rut, por ser esposa de Booz y siendo moabita, **llega a ser bisabuela del rey David y pasó a integrar la genealogía que culmina con el nacimiento de Jesús. Jesús es de la casa de David.**

La descendencia de los moabitas y los amonitas viene del relato de Sodoma y Gomorra, en Génesis 19:1-38. En este relato los personajes son Lot, hermano de Abraham, la esposa de Lot y sus dos hijas. La esposa de Lot se convierte en estatua de sal por mirar hacia atrás, al pasado, a lo negativo, en lugar de soltarlo y seguir adelante. Luego, las dos hijas de Lot concibieron de su padre. La mayor dio a luz un hijo que llamó

Moab, el cual es el padre de los moabitas. La hija menor llamó a su hijo Ben-ammi y es el padre de los amonitas.

Nota: Estudiar y reflexionar en el relato.

La aparición de una mujer extranjera (moabita) en la genealogía de Jesús, nos enseña que Dios no hace distinción de personas cuando se tiene fe y se cumple su voluntad. Todos somos uno.

"En verdad comprendo que Dios no hace acepción de personas".   Hechos 10:34

En el libro de Hechos 10:45 se nos enseña que no hay distinción cuando estamos en un estado de conciencia espiritual.

El nivel espiritual es el más elevado y sublime que podemos compartir. Reconocemos nuestra divinidad y avanzamos en la dirección correcta, conscientes que poseemos el gran tesoro de una vida guiada y centrada en Dios.

♥ 1 Samuel ♥

El libro abarca un periodo de tiempo de aproximadamente cien años, 1180-1077 A E C y se cree lo escribió Samuel, aproximadamente para el año 960 A E C. Originalmente , los libros 1 y 2 Samuel eran un solo libro. Los traductores de la Septuaginta los separaron y se ha conservado desde entonces esta división.

Es la historia de Samuel, el último de los jueces. En 1 Samuel 9:19, él se identifica como vidente. *"Yo soy el vidente"*, le dice a Saúl. Los videntes fueron los predecesores de los profetas. Samuel también fue profeta.

En este libro notamos un cambio en conciencia de todo un pueblo que mira fuera de sí y decide ser gobernado según se gobernaban los pueblos paganos de aquella época. Los pueblos paganos eran gobernados por reyes. *Los israelitas o hebreos decidieron tener un rey.*

Cuando Samuel envejeció, los líderes israelitas le pidieron que eligiera un rey, ya que los hijos de Samuel no tenían buena reputación ante el pueblo, para continuar la labor de Samuel.

El pueblo pidió reyes y Dios le dijo a Samuel: *"Oye su voz y pon rey sobre ellos".*   1 Samuel 8:22

Así comienza la institución de la monarquía.

- El primer rey fue **Saúl.**

- El segundo rey fue **David.**

- El profeta Samuel fue quien ungió al rey Saúl y a David para guiar y proteger a los israelitas, de sus enemigos. Samuel muere y fue sustituido por el profeta **Natán**. David escoge a Jerusalén como ciudad sagrada y lleva el arca de la alianza a la ciudad. Al morir David, Salomón es ungido por el profeta Natán y durante su reinado construye el templo.

- **Salomón,** hijo de David, se convierte en el tercer rey.

Como ya he mencionado, **Saúl** fue el primer rey de Israel. Su hijo **Jonatán** fue el mejor amigo de David y este lo defendió hasta de su padre Saúl, cuando lo quería matar.

Cuando celebramos el día de la amistad es de mucha motivación leer este relato de fidelidad y amistad. Jonatán dijo a David: *"Lo que deseare tu alma, haré por ti"*.   1 Samuel 20:4

En este libro se lleva a cabo el acontecimiento de la batalla entre David y Goliat. Batallas que se dan en conciencia todos los días y que vence siempre el que está en conciencia de bien. *"Con Dios y para Dios todo es posible"*.   Mateo 19:26

Aquí entra en escena Dios, mirando el corazón de David. La fortaleza de los que emprendemos este camino, no es física, sino espiritual.

En esta etapa nos damos cuenta en qué estado de conciencia se encontraban los hebreos cuando estaban a la búsqueda de un líder. Buscaban que los gobernaran reyes en lugar de jueces. Cuando estamos en estado de conciencia superior nos acordamos del líder y maestro espiritual que nos dijo: *"Yo estoy contigo siempre"*. Mateo 28:20   Este es el verdadero líder que nunca nos abandona y está con nosotros siempre, para señalarnos el camino.

Los líderes humanos son importantes en nuestras vidas. Oramos por ellos para que tengan una visión correcta y puedan tomar decisiones a través de la guía divina, que está siempre presente en todo y en todos.

♥ 2 Samuel ♥

Se cree que fue escrito por los profetas Gad y Natán. El libro se completó en 1040 A E C. Abarca desde el 1077 al 1040 A E C., durante el reinado de David.

- David fue el segundo rey.

- Veinte reyes ocuparon el trono, todos descendientes de David (reino de Judá). El reino de Israel cayó bajo la dominación asiria y dejo de existir. El reino de Judá se mantuvo fiel a la dinastía davídica.
- Judá es lo que se conoce hoy día como Judea.

La historia de los reyes tiene su final con la destrucción de Jerusalén y el exilio a Babilonia.

Imperios dominantes: Babilonia (Egipto), Persia, Grecia y Roma.

♥ 1 Reyes ♥

No se conoce el autor de este libro. Se cree que posiblemente fue Jeremías. Se completó para el año 580 A E C y el tiempo que abarca es desde el 1040 al 911 A E C.

El libro es dedicado al reinado de Salomón, hijo de David.

Comienza con la muerte del rey David. Su hijo Salomón se convierte en rey y se casa con la hija de Faraón, rey de Egipto.

Hasta ahora hemos conocido tres reyes importantes en nuestro camino: **Saúl, David y Salomón.**

Salomón:

La sabiduría de Salomón era mayor que la de todos los egipcios y orientales. Fue más sabio que todos los hombres. Compuso tres mil proverbios y cinco mil cantares.

Salomón construyó la casa para albergar el arca, en el santuario. El arca contenía las dos tablas de piedras, donde estaban escritos los diez mandamientos que había puesto Moisés, en Horeb. En el monte Horeb fue que Moisés hizo pacto con los hijos de Israel cuando salieron de Egipto. El santuario se llenó de una nube al entrar el arca. Esa nube representa la Presencia Dios, que había llenado toda la casa.

Salomón reinó sobre Israel cuarenta años. En su vida amorosa se mezcló con mujeres amonitas, heteas o hititas y con mujeres de Moab, Edom y Sidon. Tuvo setecientas mujeres reinas y trescientas concubinas. Se separa de Dios en conciencia y se entrega a prácticas paganas, siguiendo a dioses ajenos.

Esto causó que el reino de Salomón se dividiera y de las doce tribus, 10 se le entregaron a Jeroboam y una se le dio a Roboam hijo de Salomón. Roboam vino a gobernar a Israel, pero no lo logró. La tribu de Judá fue la única que siguió a la casa de David.

El reino se dividió en dos: Roboam gobernó Judá (reino del sur) y Jeroboam gobernó Israel (reino del norte). Jerusalén pasa a ser la capital de Judá y Samaria, la capital de Israel. Israel dejó de existir al ser destruido por los asirios. Luego, más tarde, el reino de Judá es destruido por los babilonios.

Durante este periodo hay un remanente del pueblo hebreo que está en cautividad. Ese remanente es el pueblo de Dios, que permanece fiel a su pacto.

Resumen:
Después de la muerte de David, el reino davídico quedó dividido en dos estados:

- **Israel,** por el norte. Cayó bajo el dominio de los asirios y dejó de existir. Los habitantes vinieron a ser los samaritanos y su capital fue Samaria.
- **Judá**, por el sur. Jerusalén fue su capital. Fue el reino que continuó fiel a la dinastía de David.

En este libro se menciona por primera vez la palabra **inteligencia.** Salomón y Dios tienen una conversación en la cual Salomón le pide sabiduría y entendimiento y Dios le responde que lo que él estaba pidiendo era *inteligencia*. Al leer el relato vas a saber que Salomón no entendió la contestación. Por eso Dios le dijo inmediatamente, *"lo he hecho conforme a tus palabras, he aquí que te he dado un corazón sabio y entendido"*. 1 Reyes 3:9-12

A nosotros nos sucede lo mismo, muchas veces no entendemos porque estamos en un estado de conciencia inferior.

Al final del libro se nos presentan dos profetas de mucha importancia, **Elías tisbista y Eliseo.**

Elías:

El profeta Elías tisbita era oriundo de Tisbé, un pueblo de la región de Galaad, es el que nos enseña dónde es que escuchamos la voz de Dios. No es en el ruido, no en el fuego, no es en el viento, es en el silencio: *"en el silbo apacible y delicado"*. 1 Reyes19:12. Aquí es donde sentimos la Presencia.

Los personajes en la Biblia viven en nosotros como actitudes mentales positivas y constructivas o como actitudes negativas y destructivas.

Elías fue el profeta que llevó a cabo la primera resucitación que se menciona en el Antiguo Testamento. Esta fue la del hijo de la viuda de Sarepta de Sidón. 1Reyes 17:8-24

Al final del libro, Elías unge a Eliseo para que lo sustituya como profeta.

El sendero que hemos recorrido nos ha llevado a conocer a los patriarcas Abraham, Isaac y Jacob, al vidente y profeta Samuel, a los jueces Débora, Gedeon, Jefté, Sansón y Samuel, a los reyes Saúl, David y Salomón y a los profetas Elías y Eliseo.

Seguimos el camino y el propósito es seguir el plan divino que Dios ha preparado para nosotros.

♥ 2 Reyes ♥

En este libro se completa la historia del profeta **Elías** y comienza el relato de la vida de **Eliseo**, su discípulo y sucesor.

Cuando nos identificamos con Eliseo adquirimos una conciencia de abundancia inagotable. El relato de la viuda, quién era de la familia de los profetas, nos enseña a mantener un estado de conciencia de receptividad y de conexión con la *FUENTE UNIVERSAL*, Dios. Mientras más vasijas vacías aparecían, más se llenaban de la sustancia. 2 Reyes 4:1-7

Este relato nos lleva a reflexionar que las vasijas representan nuestra conciencia y mientras nuestra conciencia esté receptiva a recibir el bien de La Fuente, la abundancia no se agotará. Por el contrario, cuando dejamos de traer vasijas, la abundancia se agota, tal como hizo la viuda y entonces, el aceite dejó de fluir.

En nuestro camino nos vamos a encontrar con relatos que hacen referencia a vasijas, redes, tinajas, odres y casas. Cuando interpretamos estos relatos más allá de lo **literal, estos recipientes significan nuestra conciencia**. Nuestra conciencia es el recipiente más grande que poseemos. El libro **de Corazón a Corazón** enseña y explica claramente todo lo relacionado con la conciencia y la espiritualidad.

En el Antiguo Testamento se relatan dos resucitaciones:
Por Elías: El hijo de la viuda de Sarepta de Sidón.
                                                    1Reyes 17:8-16
Por Eliseo: El hijo de la sunamita.   2 Reyes 4:8-37

En el libro **de Médico a Maestro** se explica el método que utilizaron Elías y Eliseo, para llevar a cabo el aceleramiento de muerte a vida.

Antes de seguir nuestro camino en conciencia Crística, es importante mencionar que las viudas representaban pobreza, en la antigua manera de pensar. Es por eso que el profeta Eliseo le da a la viuda y a todos nosotros, una lección sobre la manera de establecerse en conciencia de abundancia. Al hacernos receptivos a recibir el bien que Dios tiene para nosotros, la abundancia se manifiesta en nuestra vida. No podemos desconectarnos de la FUENTE INAGOTABLE, DIOS.

Mientras nuestra conciencia esté abierta y receptiva a recibir de la FUENTE, no se agotará nuestra provisión. Es nuestra decisión separarnos y dejar de traer vasijas o no separarnos.

Al igual que Eliseo le enseñó a la viuda a recurrir a la Fuente de todo bien para recibir lo deseado, Elías le enseñó a la viuda de Sarepta de Sidón a establecerse y mantenerse en conciencia de fe y ver manifestación de vida en su hijo. En estos estados de conciencia, avivamos nuestras facultades espirituales y aceleramos la **VIDA y Abundancia** en nosotros, como sucedió en estos dos relatos.

El libro 2 de Reyes menciona a los reyes que sucedieron a David. El pueblo de **Judá** fue desterrado a Babilonia y otro grupo huye a Egipto. Relata la destrucción del templo y de las murallas de Jerusalén.

♥ 1 Crónicas ♥

Los libros 1 y 2 de Crónicas no sabemos quién los escribió, pero se cree que fue Esdras. Se completó para el año 460 A E C.

Comprende las genealogías de las tribus hebreas, desde Adán hasta David y el reinado de David. Contiene una lista de más de quinientos nombres de los descendientes de Judá. Cuando la lista va por cuarenta y cuatro se nos presenta a **Jabes** y su breve oración.   1 Crónica 4:9-10

> *Bendíceme y ensancha mi territorio,*
> *Ayúdame y líbrame de todo mal,*
> *Para que no padezca aflicción alguna.*

Cuarto Pacto:
   • Pacto Davídico
"Es a través de tu casa y tu linaje que el mundo será bendecido".

El pacto davídico (pacto de Dios con David) fue un pacto incondicional, en el que Dios prometió a David un linaje real, un trono y un reino, todos ellos para siempre.
                        2 Samuel. 7:4-16; 1 Crónicas. 17:3-15
   Desde el día en que el pacto fue establecido, hasta el nacimiento de Jesús, a David no le faltó un hijo que se sentase en el trono.

   "No faltará a David varón que se siente sobre su trono".
                                        Jeremías.33:17
   Jesús, que era de la dinastía de David y como heredero del trono, se sentaría en él. En Lucas. 1:31-33 el ángel se lo anuncia a María: *"Concebirás en tu vientre y darás a luz un hijo*

y llamarás su nombre Jesús. Este será grande y será llamado Hijo del Altísimo y Dios le dará el trono de David. Su reino no tendrá fin". Así se completa el cumplimiento de esta promesa hecha a David, de que un hijo de su linaje se sentaría en este trono para siempre.

Yo, Jesús, soy la raíz y el linaje de David, la estrella resplandeciente de la mañana.   Apocalipsis 22:16

♥ 2 Crónicas ♥

En su origen, 1 de Crónicas y 2 de Crónicas fue un solo libro, que más tarde se dividió en dos obras. Convertir el libro en dos rollos hacía más fácil poderlo manejar.

El autor es desconocido, aunque la tradición judía lo atribuye al escriba Esdras. Se escribió en el año 460 A E C.

El periodo que narra comprende desde la muerte de David hasta la liberación final.

Relata los diferentes reinados y cuenta la historia de cada rey.

En el momento que se escriben las Crónicas, la mayoría de los judíos viven en la diáspora (dispersión). La intención del cronista es exaltar el judaísmo.

Relata la edificación del templo por Salomón.

♥ Esdras y Nehemías ♥

La historia del pueblo hebreo finaliza con el libro de Esdras y Nehemías. De ahí en adelante comienza la historia del pueblo judío, aproximadamente 450 años A E C.

En esa época, el imperio que gobernaba era el de **Persia** y su rey promulgó un decreto permitiendo el retorno de los judíos a Jerusalén, para reconstruir el templo. Este fue el *"segundo éxodo"* y se beneficiaron unos 50,000 israelitas. Persia era lo que se conoce hoy día como el país de Irán.

Esdras era un sacerdote cuya misión fue preservar la fe de los israelitas. El los guío a *reconstruir* lo perdido; el templo, el altar y su fe.

Nehemías era el copero del rey Artajerjes. Su servicio al rey era servirle las copas de vino. La misión de Nehemías fue *restaurar* las murallas de la ciudad de Jerusalén.

En estos dos libros nos encontramos con varios conceptos metafísicos. Ejemplos: *reconstruir, el templo, el altar y restaurar murallas.*

Restaurar es volver una persona o cosa a su estado original. El Creador del universo y de nosotros, que conoce su creación, es nuestro restaurador. Al establecernos en conciencia Dios, todo nuestro ser se restaura. Todo se levanta a un estado superior.

En el trayecto que hemos recorrido, ya hemos tenido contacto con varios personajes que construyeron. Un ejemplo de esto es cuando Elías tomó doce piedras para construir el altar. Esas doce piedras representan las doce tribus de los hijos de

Jacob. 1Reyes 18:32. Elías reparó el altar que había sido derrumbado y cada piedra representa uno de los hijos de Jacob.

El doce significa satisfacción espiritual. En nuestro camino en conciencia, vamos haciendo reparaciones constantemente en nuestra vida.

Reconstruimos y restauramos por el poder y el entusiasmo espiritual en nosotros, que nos incitan a mover la energía a un nivel superior.

Los elementos de los relatos en la Biblia representan aspectos de uno mismo.

♥ Libro de Ester ♥

El libro de Ester se escribió en el año 150 A E C y las escenas de este relato se remontan a los días de la dominación **persa** (año 485 A E C). Algunos eruditos atribuyen que lo escribió Esdras, pero las pruebas parecen indicar que lo escribió Mardoqueo. Él estaba en situación de conocer con todo lujo de detalles, los hechos que se registran en el relato. Llegó a ser primer ministro del gobierno persa y tenía acceso a los documentos oficiales que se registran en el relato. Ester era hija de crianza de Mardoqueo.

El libro de Ester se escribió en el periodo inter-testamentario.

Dos libros de la Biblia llevan nombres de mujeres, el libro de Rut, quien era una mujer gentil que se casa con un judío y el de Ester, que era una mujer judía y se casa con un gentil de nombre Jerjes y conocido por el título de Asuero, rey de Persia.

El tema de este libro es la liberación del pueblo de Israel (judíos) de la esclavitud de Egipto. Regresan a Jerusalén 50,000 judíos. El resto se queda en Media-Persia.

El relato de la historia nos presenta el conflicto entre las cualidades más bajas de la conciencia humana y las más elevadas. Los distintos sucesos de la historia nos demuestran cómo siempre lo espiritual (Ester) vence a lo carnal (Hamán).

Nos enseña que cuando actuamos de acuerdo con nuestra más elevada revelación de la rectitud, siempre vamos a triunfar. Dios trae su bien a manifestación cuando nos unificamos en conciencia divina.

Para este mismo periodo se escribió el libro de oración más amado, tanto por los judíos, como por los cristianos. Este es el **Salterio,** conocido por **Los Salmos.** Este libro pertenece a la literatura poética de la Biblia. Es muy parecido a Los Proverbios

♥ Libro de Job ♥

No se sabe quién fue el autor de este libro. Sí se sabe que fue escrito entre los años 500-350 A E C.

- Se presenta a un hombre de conducta intachable.
- Un hombre acaudalado y próspero.
- Vive una vida justa durante el periodo patriarcal.
- Se relata el debate de Job con sus tres amigos.
- ¿Por qué sufren los justos?

- Luego aparece un cuarto hombre de nombre Eliú.
- Al final, Job aprende sobre la soberanía divina y a confiar totalmente en Dios.

El relato de la historia comienza describiendo a Job; *"Hubo en tierra de Uz un varón llamado Job y era este hombre perfecto y recto, **temeroso de Dios** y apartado del mal"*.

Es sumamente importante entender el concepto, *"Temor a Dios"*.

El temor y **el miedo** no vienen de Dios, por el contrario el miedo y el temor paralizan la acción mental. Cuando sentimos temor, toda la totalidad de nuestro ser se afecta. Esto incluye nuestra alma, mente y corazón e inclusive nuestro cuerpo. Es por eso que los maestros espirituales dicen que el temor es contrario a la fe. La persona consciente de Dios vive confiada, en quietud y armonía.

Dios es el Bien Absoluto, es todo amor, no juzga, ni castiga, es paz, es plenitud, es vida, es la Inteligencia Universal. Todos los atributos que le damos a Dios son positivos. No hay un solo atributo de Dios negativo. Es por esa razón que hemos emprendido este camino, para ir trasformando la manera humana de imaginarnos a Dios. Si alguien nos dice que Dios castiga, ya es el momento de dejar de imaginar a Dios como humano. Dios no es humano, Dios es Espíritu. Los humanos somos los que castigamos y nos castigamos. Dios es Amor.

Temor a Dios es reconocer a Dios.

Desde este momento en adelante, cada vez que leamos en la Biblia, en algún artículo, o escuchemos a un ministro referirse a Dios con temor o miedo, sustituyamos la palabra temor por RECONOCER.

Debemos reconocer a Dios en todo. Con Dios todo es posible. En lugar de decir, "me enseñaron el temor a Dios, sustituye y di, **a mí me enseñaron a** *reconocer* **a Dios**".

Nuestra relación con Dios va a ser muy distinta. Dios va a significar para nosotros lo mismo que para Jesús. Jesús se refería a Dios como el Padre: *"El Padre y Yo uno somos"*. Nunca expresó temor hacia Dios. Por el contrario, nos decía que si no tememos y vivimos en paz, seremos Sus hijos:

"Bienaventurados los pacificadores, porque ellos serán llamados hijos de Dios".   Mateo 5:1-12

En un estado mental positivo y de conciencia elevada, Job reconoce a Dios: *"Asimismo lo que Tú determines se realizará y sobre Tus caminos resplandecerá la luz"*. Job 22:28

El reconocer a Dios nos da una gran oportunidad de acercarnos a Él, en conciencia.

"El espíritu de Dios me hizo y el soplo del omnipotente me dio vida".   Job.33:3-4

Hay otro concepto que ha creado mucha confusión en las personas que interpretan la palabra literalmente. Job dijo: *"Jehová dio, Jehová quitó"*. Job.1:21 Esto Job lo dijo en el tiempo de los patriarcas y desde ese entonces hay todavía personas que no han podido transformar esta manera de pensar. Siguen con el: *"Dios nos da y Dios nos quita"*.

Desde que comenzamos el sendero nos hemos referido a Dios como **el Bien Absoluto**. Este es el primer principio de verdad espiritual. Dios nos ama incondicionalmente. El amor de Dios es el Amor Divino, no es humano. El libro **de Médico a Maestro** nos ofrece una lección completa sobre el amor divino.

Aprender y conocer que Dios no nos quita nada es vital en nuestro crecimiento en comprensión espiritual. *Dios es el Dador y es la Dadiva*. La **dadiva** viene de Dios y el **Dador** es Dios. La fuente es inagotable y el amor de Dios es ilimitado. En este nivel que estamos en nuestro sendero, es necesario abrir nuestra mente, alma y corazón y estar receptivos a recibir de la Fuente. Nuestro pensamiento es lo más poderoso que poseemos y si estamos en conciencia de unidad con Dios, no vamos a permitir que entren a nuestra conciencia pensamientos negativos y erróneos.

La historia de Job relata el poder del **perdón**. La fe de Job fue puesta a prueba y fue humillado por sus amigos, que le hacían creer que ayudaban, pero que en realidad se burlaban de él. En Job: 42:10 se nos dice que una vez hubo orado por sus amigos, su aflicción desapareció y Dios le aumentó al doble todas sus cosas. Al igual que Job, nosotros nos adelantamos en conciencia cuando perdonamos a las personas que no nos han tratado con respeto.

"Perdona nuestras deudas como también nosotros perdonamos a nuestros deudores".   Tomado del "Padre Nuestro".

En el camino en transformación que estamos recorriendo, vamos experimentando un cambio maravilloso en nuestra manera de pensar, sentir y actual.

♥ Libro de los Salmos ♥

- El libro se completó 460 años A E C.
- Es el libro más largo de la Biblia. Pertenece a los libros poéticos de la Biblia.
- Se conoce como **el Salterio.** Es el libro de oración más amado, tanto por judíos, como por los cristianos.
- El capítulo 119 es el más largo de la Biblia.
- Contiene aproximadamente 150 salmos.
- Fue escrito por David y otros siete escritores. Moisés y Salomón fueron los escritores que más se mencionan.
- Por la participación de tantos salmistas, el libro abarca más de mil años.
- Se considera el diario espiritual de David.
- El libro de los salmos ha sido llamado **la pequeña Biblia.**

El salmo 91 es uno de los más importantes por su gran poder espiritual. Para comprenderlo hay que establecerse en un estado de conciencia sublime y puro. De lo contrario, se malinterpretaría su contenido.

Hay símbolos y expresiones orientales que para nosotros los occidentales, no tienen el mismo significado. La mejor manera de practicar esta oración es leerla en primera persona, lentamente, versículo a versículo, haciendo pausas y meditando en ella.

La oración nos hace pensar acerca de Dios y los resultados que vamos a obtener van a favorecer nuestro camino hacia la transformación que tenemos por delante.

Hemos recorrido un gran trecho, lo cual nos permite hacer cambios en nuestra manera de pensar, sentir, expresar y actuar. El cambiar a una manera afirmativa de comunicación con nuestro Creador, nos adelanta en nuestro crecimiento espiritual. Afirmando y alabando, expandimos todo lo que reconocemos.

Al llegar a los salmos, avanzamos en nuestra jornada. Alcanzar la conciencia Crística es la meta. Nos damos el permiso de ir haciendo cambios y adaptaciones. Reconocer la Omnipotencia y la Omnipresencia de Dios de una forma afirmativa es una demostración de cambios transformadores en nuestras vidas y asuntos.

Salmo 91 = **El Señor es mi refugio**

Adaptación: Dr. Victor Arroyo

- Yo vivo bajo la sombra del Altísimo y Todopoderoso.
- Él es mi refugio, mi castillo y mi Dios en quien confío.
- Me libra de trampas ocultas y plagas mortales, pues me cubre con sus alas y bajo ellas estoy seguro/a.
- Su fidelidad como un escudo me protege.
- No tengo miedo a los peligros nocturnos, ni a las flechas lanzadas de día, ni a las plagas que llegan en la obscuridad, ni a las que destruyen a pleno sol.
- Mil caerán a mi izquierda y diez mil a mi derecha, pero a mi nada me pasa.
- Por haber hecho del Señor mi refugio y del Altísimo mi lugar de protección, no me sobreviene ningún mal, ni la enfermedad llega a mi casa.
- El Señor manda que sus ángeles me cuiden por dondequiera que voy.
- Me levantan con sus manos para que no tropiece con piedra alguna.
- Podré andar entre leones, monstruos y serpientes y Dios me pone a salvo, fuera del alcance de todos, porque Él me ama y me conoce.
- Cuando me llama, le contesto y estoy con Él.
- Dios me libra de la angustia y me colma de honores.

- Me hará disfrutar de una larga vida y me hace gozar de mi transformación.

Salmo 24= **El rey de la Gloria**

En este salmo, el salmista hace dos preguntas que son requisitos para estar en la **Presencia Dios:**

¿Quién subirá al monte de Dios? ¿Quién estará en su lugar santo?

Inmediatamente nos facilita la contestación:

El limpio de manos y puro de corazón y el que no ha elevado su alma a cosas vanas, ni jurado en falso. El limpio de mente y de todo error y el que no adora ídolos, ni hace juramentos falsos.   Salmo 24:3-4

♥ **Libro de Proverbios** ♥

- El autor principal de este libro fue Salomón.
- Se completó en el año 717 A E C.
- Representa, en lo esencial, un tipo de sabiduría que es común en todos los pueblos.
- Los temas se extienden a todas las esferas de la vida familiar, personal y social.

♥ **Libro de Eclesiastés** ♥

Se cree que el autor de este libro fue Salomón. El libro fue escrito aproximadamente para el año 935 A E C.

- Predicador u orador público.
- Su nombre viene del griego, significa "maestro".

El predicador nos describe su visión de la vida en lo humano. Comparte sus razones sobre la vanidad de la vida, que no tiene sentido y es inutil. Al final llega a la verdad, que el gozo y la alegría vienen de Dios. Espiritualizó su alma, logrando un cambio en conciencia.

♥ Libro Cantares ♥

- Son poemas en un elevado estilo poético.
- Cantar de los cantares es una sola canción y no una colección de canciones.
- Cantos al amor humano.
- Se cree que el autor fue Salomón.
- Se completó en el año 1020 A E C.

El gran rey Salomón no pudo impresionar a una simple campesina sulamita de la cual se enamoró. Ella era fiel y amaba a un joven pastor. Para el tiempo que Salomón escribió la canción, tenía muchas reinas, princesas y concubinas. Salomón no estaba dispuesto a dejarla ir. Ella resiste sus insinuaciones amorosas y le deja saber que solo puede sentir amor por su amado. Al final, le permite irse a su casa.

Esta canción de amor nos brinda la oportunidad de valorar las virtudes que nos enaltecen y que vamos a mantener en nuestro camino en conciencia: fidelidad, lealtad, integridad y amor genuino.

Los Profetas:

En nuestro recorrido en conciencia, vamos a ser guiados por personajes dotados con un don especial, el don de predecir. Su influencia en nosotros es muy positiva.

Profecía es un don sobrenatural de predecir. Consiste de conocer el futuro por inspiración divina.

Los profetas mayores son cuatro:
Isaías, Jeremías, Ezequiel y Daniel.
Los libros de los profetas mayores son cinco: **Isaías, Jeremías, Lamentaciones** (este libro fue escrito por Jeremías), **Ezequiel y Daniel.**

♥ Isaías ♥

Isaías es considerado uno de los profetas mayores. Ciudadano de Jerusalén, capital del reino de Judá. Fue consejero de reyes. El libro contiene mensajes proféticos sobre diferentes temas. Es el libro más citado en el Nuevo Testamento (80 citas).

El libro fue escrito durante los años 740-695 antes de Cristo (A E C). El pequeño país de Judá estaba bajo el dominio del reino de Asiria. Israel ya había sido destruido para el año 722 A E C.

Hay opiniones diferentes sobre quien o quienes escribieron el libro. La gran mayoría opina que fue Isaías, el profeta. Otros opinan que debido a la extensión y la forma diferente de expresión, otros dos, llamados también Isaías, contribuyeron al libro. Los que opinan de esta manera, lo dividen así: Isaías l, escribió del capítulo 1-39, Isaías ll, también llamado Deutero-Isaías, escribió del 40-55 e Isaías lll, también llamado Trito-Isaías, escribió del capítulo del 56-66 A E C.

La Biblia contiene 66 libros, 39 el Antiguo Testamento y 27 el Nuevo Testamento. El libro de Isaías contiene 66 capítulos; la primera mitad contiene 39 capítulos y la segunda mitad 27.

Isaías predice que Jesús iba a nacer de una virgen y su nombre sería **Emanuel.** Predice que Jesús iba a tener la libertad de escoger lo bueno y desechar lo malo.   Isaías 7:14-15

Su decisión fue escoger hacer la voluntad del Padre.

Vamos a conocer la descripción que hace el profeta de **Jesucristo:** *"Porque un niño nos es nacido, hijo nos es dado y se llamará su nombre Admirable, Consejero, Dios Fuerte, Padre Eterno, Príncipe de Paz".*   Isaías 9:6

Esta visión de Jesucristo fue muy conocida por los judíos, pues ellos estudiaban las escrituras y a los profetas del Antiguo Testamento. Esto nos puede hacer pensar que tanto María, madre de Jesús, como José, conocían esta profecía.

Se nos habla de un cántico de acción de gracias. En el camino nos estamos preparando para entonar el cántico nuevo, reconociendo a Dios en todas las cosas. *"Sacaremos con gozo aguas de las fuentes de la salvación y entonaremos el cántico de acción de gracias".*   Isaías 12

Recordemos que hemos emprendido un viaje en transformación del corazón y en este libro el profeta nos dice que debemos realizar un cambio completo en nuestra manera de pensar, hablar y actuar.

Isaías 29:13 nos dice: *"Se acercan a mí con su boca y sus labios, afuera me honran, pero sus corazones están lejos de mí".*

Este versículo nos plantea que la transformación no se lleva a cabo en lo externo. Nuestro corazón, nuestra expresión o palabras y nuestra manera de actuar, tienen que ir en la misma dirección.

El ojo único: *"Palabra y Acción en la misma dirección".* No podemos estar diciendo una cosa y haciendo otra.

Después de Isaías, vino el profeta Miqueas. Para propósitos de estudio vamos a seguir con los profetas mayores y no, según el año en que fueron escritos los libros.

♥ Jeremías ♥

El libro fue escrito para el año 626-580 A E C. **Jeremías** es considerado uno de los profetas mayores y en su libro hay una cita que me hace reflexionar sobre nuestro caminar espiritual.

"Dios escudriña nuestra mente y prueba nuestro corazón, para dar a cada uno según su camino".   Jeremías 17:10

Nosotros emprendimos un camino en transformación espiritual y ya Dios sabe lo que estamos logrando y vamos a lograr. Si no sabes cuál va a ser el resultado, Dios si lo sabe. Ya El conoce nuestra mente, nuestro corazón. Si el deseo de nosotros es espiritualizar nuestra alma, Dios sabe que estamos en el camino correcto.

El libro de Jeremías nos brinda la gran oportunidad de reflexionar sobre el **Quinto Pacto,** conocido también como **El Nuevo Pacto.**

"Daré mi ley en su mente y la escribiré en su corazón".
                                                        Jeremías 31:33
El conocimiento directo no tiene que ser enseñado por otro, viene del espíritu, a través del Cristo.

Tres conceptos aparecen en este quinto pacto: **mente, corazón, el Cristo**. En el camino, vamos a ir definiéndolos y explicándolos.

El camino espiritual es necesario seguirlo sin mirar o volverse atrás. Dios enviaba a los profetas para dirigir y enseñar a su pueblo y ellos no obedecían y regresaban a su antigua manera de pensar. Por esa razón, Jeremías les dice en 42:19 *"No vayáis a Egipto"*. **En otras palabras, no regreses a la conciencia de los sentidos, no regreses a la conciencia adánica, no regreses a Egipto, que significa en la Biblia, ignorancia y obscuridad.**

Una manera de saber que estamos siguiendo el camino hacia la transformación es cuando sentimos gozo, alegría, emoción y pasión, en nuestras vidas. La dirección que llevamos es la correcta, pues estamos fluyendo y siendo inspirados por la Inteligencia Universal, Dios.

Estamos fluyendo en la energía positiva y poderosa, que apoya nuestro propósito, para alcanzar la conciencia Crística. En todo momento, lo que vamos a necesitar es disposición de corazón.

♥ Lamentaciones ♥

El libro de lamentaciones fue escrito por Jeremías entre los años 586-575 A E C. Son cinco poemas o lamentos. El autor se encuentra en un estado de conciencia negativo, hasta que al final, recibe la luz.

En la época que se escribe este libro, los asirios dominaban el norte de Judá y los egipcios, el sur. En el año 612

A E C, los asirios fueron conquistados por los **caldeos**. Egipto, que dominaba el sur de Judá, la atacó y por un tiempo fue una nación dominada por los egipcios. No pasó mucho tiempo cuando los caldeos y su rey Nabucodonosor, de Caldea (Babilonia), obtuvieron dominio completo de Judá, cuya capital era Jerusalén.

El libro contiene cinco poemas de lamentación por la destrucción de Jerusalén, tras haber caído en manos de Nabucodonosor en el año 587 A E C.

Jeremías profetizó la caída de Judá, pero los judíos no aceptaron sus recomendaciones. Al final, la Ciudad Santa fue parcialmente destruida y Jeremías huyó a Egipto, donde murió a manos de su propia gente por haber denunciado el culto a los dioses egipcios.

♥ Ezequiel ♥

El libro fue escrito en el año 597-570 A E C. El ministerio de Ezequiel fue cuando los israelitas cautivos fueron deportados a Babilonia. Él se encontraba entre ellos.

Ezequiel fue otro de los profetas mayores. Fue, además, un sacerdote. El libro comienza con su **visión de la gloria**. Describe en el primer capítulo, una figura muy similar a la que describe Juan en el libro de Apocalipsis.

La gloria es un concepto que se menciona mucho en la Biblia.

Gloria es la fusión de nuestra mente con la Mente Dios. Es un estado de comprensión divina. *Es el estado espiritual más alto en conciencia que nosotros podemos alcanzar.*

Glorificar es alabar, resaltar con esplendor espiritual.

A Ezequiel, Dios le hace un llamado y la voz que oye, lo llama *"hijo de hombre"*. 2:1-10. La última vez que lo llama le dice: hijo de hombre, *"Toma en tu corazón todas mis palabras que yo te hablaré y oye con tus oídos.* Ve a los hijos de tu pueblo y diles; escuchen o dejen de escuchar".

Ezequiel 3:10

A través del trayecto vamos entendiendo que Dios nos habla a nuestro corazón. Nuestro corazón representa el subconsciente de nuestra mente. Nuestra mente subconsciente recibe la información del consciente, por lo que escuchamos por los oídos (sentidos). Si estamos receptivos a la Verdad, escuchamos. Por el contrario, si no estamos receptivos, no escuchamos.

Nos enfrentamos a otro concepto: **Hijo de hombre.** El hombre es hijo de hombre cuando vive muy consciente de su humanidad. Todo lo ve a través de los sentidos. No ha habido en el hombre un crecimiento en comprensión espiritual para expresar su divinidad.

Cuando el hombre oye la voz de Dios y abre su corazón a la Presencia Dios en él, se convierte en hijo de Dios. **Hijo de Dios es el verdadero ser espiritual en Jesús y en todos nosotros.** El hijo siempre existe en Dios. El Padre y el hijo son uno.

Nosotros somos creados para expresar cualidades como hijos de Dios y no como hijos de hombre.

Como hijos de hombre, que es la parte mortal, carnal, estamos siempre sintiendo debilidad e insuficiencia en todas las cosas.

Cuando reconocemos y expresamos el Cristo en nosotros, es que somos hijos de Dios. Cristo es la idea de Dios del hombre perfecto. Esta idea (el Cristo) está en cada uno de nosotros, no importa si la expresamos o no. **Cuando expresamos el Cristo, somos hijos de Dios.**

En nuestro camino, vamos a seguir desarrollando este concepto. Es maravilloso saber que:
"Hijo de Dios es el que es guiado por el espíritu de Dios".

Romanos 8:14

Ezequiel recibe la orden de: *"Ponte sobre tus pies y yo te hablaré".* Ezequiel 2:1. **La posición vertical** implica una conciencia de rectitud y los **pies** significan comprensión. Nosotros debemos levantarnos en conciencia y mantenernos de pie, antes que podamos oír la voz de Dios y obedecerla.

Cuando Ezequiel alcanza la conciencia espiritual, recibe el mandato sobre la manera correcta de establecerse en la Presencia Dios: *"Entra y enciérrate dentro de tu casa".* Ezequiel 3:24
La casa representa la conciencia, el corazón, el lugar sagrado, el aposento alto. Es ahí donde Jesús nos envía para orar, meditar y escuchar la voz de Dios. *"Cuando ores entra en tu aposento, cierra la puerta, ora al Padre que está en secreto y tu Padre que ve en lo secreto, te recompensará en público".*

Mateo 6:6

Decimos: ***"Hay una sola Presencia, un solo Poder, una sola Actividad en mi vida y en el Universo, Dios el bien Absoluto, Omnipresente, Omnipotente y Omnisciente".***

En ese lugar de paz, fortaleza, sabiduría, amor y poder, debemos permanecer en silencio, permanecer **"mudos"**, para oír la voz de Dios.

A Ezequiel se le conoce como **"El Profeta Mudo"**, pues necesitó permanecer en el silencio hasta que la conciencia adánica de los israelitas se trasformara. Ellos no estaban receptivos a escuchar, a pesar de todo el esfuerzo de Ezequiel. Dios le dijo: *"Ezequiel haré que tu lengua se te pegue al cielo de la boca y te quedarás mudo. No llegarás a ser para los israelitas hombre que administre censura, porque ellos son rebeldes"*. Luego de su periodo en silencio se cumple todo lo que había profetizado Ezequiel y Dios le devuelve el habla.

Ezequiel 3:26

No hay manera más rápida de establecerse en la Presencia Dios, que irse al silencio.

"Paz, aquiétate y sabes que Yo soy Dios".   Salmo 46

Esta enseñanza de **"El Profeta mudo"**, nos inspira a seguir en nuestro camino de transformación espiritual. Al final nos dice: *"El que oye oiga y el que no quiere oír no oiga"*.

Ezequiel 3:27

Si escuchamos la voz de Dios y seguimos sus dictados, se nos da la misma **promesa de restauración y renovación,** que a través de Ezequiel, Dios le envió a su pueblo: *"Les daré un corazón y un espíritu nuevo pondré dentro de ellos. Quitaré el corazón de piedra de en medio de su carne y le pondré un corazón de carne"*.   Ezequiel 11:19

Dios redime, restaura y renueva.

♥ Daniel ♥

El libro de Daniel fue escrito para el año 165 A E C. **Daniel** es el último de los cuatro profetas mayores. Es el libro apocalíptico del Antiguo Testamento.

Fue escrito en el año 165 A E C durante el periodo inter-testamentario. Abarca el periodo de tiempo entre el Antiguo y el Nuevo Testamento-400 años. El escenario del libro es durante la época del cautiverio de Babilonia (586-536 A E C)

No se sabe quien escribió el libro y el propósito fue inspirar y dar valor a los judíos en su lucha contra **Siria.**

El libro contiene magníficas leyendas de fe para fortalecer a los judíos, que necesitaban ánimo y fortaleza en su lucha contra Siria. Se le enseñaba a los judíos que Dios Todopoderoso los protegía siempre.

La historia nos dice que Daniel, junto a tres de los hijos de Judá, fue escogido por Nabucodonosor, rey de Babilonia, a vivir en el palacio y aprender la lengua de los caldeos.

A cada uno de los escogidos se les dio un nuevo nombre. A Daniel se le llamó Beltsasar; a Ananías, Sadrac; a Misael, Mesac y a Azarías, Abed-nego.

Un cambio de nombre o nombre nuevo representa un paso mayor en elevación de conciencia. A medida que avanzamos en nuestro camino espiritual vamos a entender mejor este concepto y a apropiarnos él.

Daniel y sus tres amigos representan estados de conciencia, como todos los personajes en la Biblia.

Corazón Adánico

A los cuatro, Dios les dio conocimiento e inteligencia en todas las letras y ciencias. A Daniel, Dios le dio conocimiento, inteligencia y entendimiento, en toda visión y sueños.

Daniel simboliza la visión clara y penetrante del espíritu. Al mantener nuestra mente en el estado sublime del espíritu, podemos vencer todo tipo de retos y obstáculos. Daniel mantenía una conexión consciente con la Inteligencia Universal, Dios.

Sadrac, Mesac y Abed-nego representan una comprensión de Dios, como amor, misericordia, bondad y también son canal por donde fluye al hombre, todo poder, sabiduría y Verdad.

El rey y su corte simbolizan un modo de vida materialista y Daniel y sus compañeros simbolizan la vida espiritual.

Daniel se niega a comer y beber. Esta acción significa que no se quería contaminar con una conciencia materialista. Se mantendría puro de corazón, para así conectarse solamente con lo espiritual y abrir el camino para actuar en planos más elevados de conciencia.

En el libro de Daniel se profetiza los imperios que iban a gobernar durante el periodo inter-testamentario. La visión de las cuatro bestias en, Daniel, Capitulo 7, es un lenguaje simbólico de la destrucción de los cuatro reinos terrenales: Babilonia, Media, Persia y Grecia.

Sugerencia:
Estudiar el relato de la interpretación del sueño del rey Nabucodonosor (Daniel, Cap.2) y el relato de la interpretación de la escritura en la pared.   Daniel 5

Profetas menores son doce:
Oseas, Joel, Amós, Abdías, Jonás, Miqueas, Nahúm Habacuc, Sofonías, Hageo, Zacarías y Malaquías.

Son doce libros y se consideran menores por la extensión del libro y no por la importancia de su contenido.

♥ Oseas ♥

El libro fue escrito para el año 745-735 A E C. Fue el profeta que vino después de Amós. Veía a Dios como un Dios de Amor. Por lo tanto trató de darle a los judíos una visión de la naturaleza de Dios. Su propósito era que descontinuaran rindiendo culto a falsas deidades.

♥ Joel ♥

El libro fue escrito 350 A E C. *Se escribió en el periodo inter-testamentario.* La acción del libro fue durante el imperio **Persa.**

El profeta Joel nació en Jerusalén y su ministerio transcurrió durante **una gran plaga de langostas** que causó mucho dolor al pueblo judío.

Joel predicó que el arrepentimiento no era un acto externo solamente, sino un cambio verdadero en el corazón.

El arrepentimiento es un cambio en mente y corazón, en la dirección del Todo Bien. *Cuando nos arrepentimos rompemos con el pensamiento mortal y ascendemos a un plano de pensamiento espiritual.*

El estado mental de arrepentimiento es muy bueno. Tan pronto te arrepientes, reconoces que el Espíritu es todo bondad, es el Bien. Tus errores son perdonados y eres sano e íntegro.

Fue Joel quien escucha la promesa de Dios de restaurar todo aquello perdido, por no haber vivido en unidad con Dios y en Dios.
Nos dice:
"Y os restituiré los años que comió la langosta. Y comeréis hasta saciaros y alabaréis el nombre de Dios, el cual hizo maravillas con vosotros y nunca jamás mi pueblo será avergonzado".   Joel 2:25-29

Esta es una de las promesas más grandes y maravillosas que nos llenan de nueva esperanza. *"Los años que comió la langosta"* representan los periodos en nuestra vida en que hemos vividos privados de nuestro Bien. Son periodos en que nos hemos quedado rezagados y no hemos avanzado en conciencia espiritual.

"Te restauraré los años que comió la langosta".   Joel 2:25

La abundancia y plenitud se manifiesta en nuestra vida externa, tan pronto nos mantenemos en conciencia de abundancia y plenitud.

♥ Amós ♥

El libro fue escrito para el año 750 A E C. Amós era pastor y además se dedicaba al recogido de frutas. Es por eso que lo conocen por *"cuidador de higos silvestres"* o *"pastor de Tecoa"*. Tecoa era una aldea de Judá donde él recibió el llamado a servir. El no poseía educación sacerdotal. Su ministerio fue antes del exilio de Israel a Asiria.

♥ Abdías ♥

El libro fue escrito para el año 500-450 A E C. Es el libro más breve del Antiguo Testamento. Solo tiene un capítulo de 21 versículos. El mensaje fue para los edomitas. Los **edomitas** fueron los descendientes de Esaú y los **israelitas** fueron los descendientes de Jacob, su hermano gemelo. La disputa que esos dos hermanos tuvieron hace más de 1,000 años, afectó a sus descendientes y cuando los israelitas salieron del exilio de Egipto, los edomitas les prohibieron pasar por sus tierras.

La disputa es un estado de conciencia contrario a la Paz.

El mensaje en conciencia que encierra este libro es la predicción de la caída de Edom: *"Aunque te remontes como el águila y entre las estrellas pusieras tu nido, de allí te haré bajar yo"*.   Abdías 1:17

Los estudiantes que estamos recorriendo este camino necesitamos entender que si nos dejamos dominar por la conciencia de los sentidos (Edom en este caso) y nos separamos del Bien, entonces la Ley Divina no evitará la caída. En el estado de separación, la caída es inevitable. Al volver al camino, de regreso en conciencia al Padre, la Ley Divina nos establece en el fluir de Bien, siempre. Abdías 1:17

♥ Jonás ♥

El libro fue escrito en el año 350 A E C. *Es otro de los libros escritos durante el periodo inter-testamentario.* La acción del libro transcurre durante el dominio del **imperio Asirio,** antes de la destrucción de Nínive, en el año 612 A E C.

Jonás es el modelo de hombre que vive unido a Dios y está receptivo a la dirección divina, pero es excesivamente severo en su concepto de rectitud.

Dios le ordena ir a Nínive, en Asiria, para que predicara en contra de lo que estaba pasando en la ciudad. Jonás no sentía el deseo de ir, ya que él estaba resentido con los asirios por las desgracias que le habían hecho pasar a su pueblo (judíos). De acuerdo a la manera de pensar del profeta, los asirios no debían ser salvados, ya que era un pueblo sin Dios. Jonás reaccionó en el plano humano de conciencia, en lugar de sentirse agradecido por la oportunidad de ayudar a sus semejantes y proclamar la Verdad salvadora.

Desobedeciendo los altos propósitos y poniendo excusas, lo que logramos es atraernos problemas, tal como le sucedió a Jonás Este no obedeció, huyó a Joppa y se embarcó para Tarsis. Lo tiraron del bote y se lo tragó un pez. A nosotros nos sucede lo mismo cuando desobedecemos. Viene la tormenta y nos traga un *"gran pez"*. Caemos en una situación difícil y entonces vienen los arrepentimientos y pedidos a Dios.

Dios, el Bien Absoluto, siempre nos concede una nueva oportunidad. Jonás salió ileso de la situación. Se fue a Nínive y predicó exitosamente. La gente respondió y la ciudad se salvó de la destrucción.

A pesar de que la gente de la ciudad se salvó, Jonás se fue disgustado porque había ayudado en contra de su voluntad. Si ayudamos en contra de nuestra voluntad, la persona que recibe la ayuda se beneficia, pero nosotros no. La razón es que no dimos gracias a Dios por lo concedido a nosotros y a la persona a quien ayudamos.

Jonás se retira y se sienta debajo de una calabacera que Dios le había hecho crecer para protegerse del sol. Como él estaba en un estado de conciencia negativo por haber ayudado en contra de su voluntad, el gusano le destruyó la calabacera.

Jonás 4:6-11

La lección aprendida es que cuando compartimos voluntariamente el amor perdonador de Dios con otros, aunque a nuestros ojos no lo merecen, recibimos gozo y liberación. Debemos mirar por los ojos de Dios y ver solamente el Bien. De lo contrario, perdemos la calabacera y nos quemamos del sol.

♥ Miqueas ♥

El libro fue escrito para el año 735-700 A E C. Su profesión fue de agricultor. Miqueas vivió en un tiempo de guerra cruel, donde Asiria aplasta al reino del norte. El interpretó estos acontecimientos como castigo de Dios por idolatría, por prácticas de magia y por adoración a dioses.

Corazón Adánico

Luego, hay un cambio en conciencia en Miqueas y ve una luz en las tinieblas y percibe un majestuoso Dios que gobierna en todo suceso.

"El Dios del juicio también es el Dios del perdón y se deleita en misericordia".   Miqueas 7:18

Miqueas profetizó sobre el origen de Jesús: *"Más tú, Belén Efrata, pequeña para estar entre las familias de Judá, de ti ha de salir el que será Señor en Israel".*   Miqueas 5:1-5
                                                                Juan 7:42
"Y tú Belén, de la tierra de Judá, no eres la más pequeña entre los príncipes de Judá; porque de ti saldrá un guiador, que apacentará a mi pueblo Israel".   Mateo 2:6

Los magos de Oriente, que estaban buscando al rey nacido en Belén (Mateo 2:6), ya sabían que de la pequeña aldea de Belén saldría el Príncipe de Paz, la Luz del Mundo. Esto fue así, por estar ellos familiarizados con las Escrituras hebreas.

♥ Nahum ♥

El libro fue escrito para el año 620 A E C. El profeta Nahum no señala las transgresiones del pueblo judío. Él es claro señalando que la maldad conduce invariablemente a la destrucción.

♥ Habacuc ♥

El libro fue escrito entre el año 612-600 A E C. Lo maravilloso de Habacuc fue que mientras los profetas se dirigían al pueblo judío para atraerlo a Dios, él lo que hacía era dirigirse directamente a Dios. Buscaba la Verdad siempre. Habacuc predice que la tierra sería llena de la gloria de Dios. Nos dice en su oración que los caminos de Dios son eternos.

"Sus caminos son eternos".   Habacuc 3:6

Al finalizar su oración afirma que pase lo que pase: *"Yo me alegraré, me gozaré en el Dios de mi salvación".*   3:19

Todos los que hemos llegado hasta esta primera parte del camino, estamos conscientes de que por alguna razón fuimos escogidos para seguirlo. No fuimos nosotros, no fue el hombre adánico, quien dijo si a esta aventura. Fue el Cristo en nosotros, que nos señaló el camino y el Espíritu Santo, que es la actividad de Dios en cada uno de nosotros que nos lo revela y nos lo enseña todo.

♥ Sofonías ♥

El libro fue escrito en el año 626 A E C. Fue un profeta severo y puritano. Contiene solamente tres capítulos.

Sofonías reconocía que solo la rectitud podía salvar al hombre. Vivir una vida recta y no creer que por estar practicando una religión en lo externo, hay salvación.

♥ Hageo ♥

El libro fue escrito para el año 520 A E C. Hageo era un anciano a quien se reclutó para entusiasmar al pueblo a la reconstrucción del templo, cuya obra se había estancado. El exhorta a poner primero a Dios en todo en nuestras vidas y a *"Meditar bien sobre nuestros caminos"*.   Hageo 1:5

Dios le dice a Hageo: *"Es tiempo de habitar en vuestras casas, tu casa está vacía. Meditad bien sobre vuestros caminos. Subid al monte y reedificad la casa y pondré en ella mi voluntad y seré glorificado"*.   Hageo 1:7-8

Las palabras del profeta contienen un significado espiritual profundo y nos exponen a varios conceptos.

Comienza diciéndonos que es tiempo de entrar en conciencia espiritual *(habitar en vuestra casa)* y en ese lugar de paz, armonía, sabiduría y poder, *"meditad en vuestros caminos"*.

La razón de esta recomendación era que estaban actuando no conforme con la voluntad Divina.

"Sembráis mucho y recogéis poco. Coméis y no os saciáis. Bebed y no quedáis satisfechos. Vestís y no os calentáis y el que recibe jornal lo recibe en saco roto".   Hageo 1:6

Cuando estamos pasando por esto en nuestras vidas, se nos recomienda solo una cosa, *"subid al monte"*.

Cuando subimos a ese estado de conciencia superior que llamamos monte y nos mantenemos en silencio, oyendo lo que nos dice la voz de Dios, estamos *reedificando la casa*, la conciencia. Es en ese estado espiritual cuando realizamos hacer la voluntad de Dios. La voluntad de Dios es siempre buena. Es el deseo de nosotros de expresar nuestra potencialidad divina. La voluntad de Dios es darnos lo que Dios es, el bien Absoluto.

El versículo 1:8 nos dice: "*Pondré en tu casa mi voluntad. Es así que seré glorificado". Esta es la voluntad de Dios, buscando expresarse en nosotros y como nosotros.*

No es fácil explicar brevemente el concepto voluntad sin mencionar que ese fue el propósito principal en la vida de Jesús. Él se gloriaba en hacer la voluntad del Padre y lo decía:

"Mi comida es hacer la VOLUNTAD del que me envió y terminar Su trabajo".   Juan 4:34
"No puede el hijo hacer nada por sí mismo, sino lo que ve hacer al Padre".   Juan 5:19

"Todo el que hace la VOLUNTAD del Padre es mi hermano, mi hermana y mi madre".   Mateo 12:50

Jesús nos dice que su familia espiritual es la que hace la voluntad del Padre. La voluntad de Dios es salud radiante, prosperidad abundante, amor ilimitado, felicidad eterna y conocimiento de que somos parte de Dios.

La voluntad es el poder ejecutivo de la mente y la tenemos que enfocar en lo que deseamos y decretamos. y así se realizará. Es la facultad de la mente que controla y dirige. La voluntad Divina siempre es perfección y todo bien para nosotros. La voluntad es una de las facultades espirituales y está representada por el discípulo Mateo. Si queremos aprender sobre la voluntad divina, los libros **de Médico a Maestro** y **de**

Corazón a Corazón contienen información sobre esta facultad espiritual.

Jesús nos dice qué hacer: *"El que hace la voluntad de mi Padre que está en los cielos, entra al reino"*.   Mateo 7:21

Hageo es un libro breve, solamente contiene dos capítulos, su contenido es profundo, útil y nos enseña la futilidad de trabajar sin Dios.

♥ Zacarías ♥

El libro fue escrito 520-518 A E C. Zacarías predice y describe la venida del Mesías y su reino.

"Alégrate mucho, da voces de júbilo, he aquí tu rey vendrá a ti, justo y salvador, humilde y cabalgando sobre un asno, sobre un pollino hijo de asna".   Capítulo 9:9

En este libro hay una cita de mucha profundidad metafísica para enseñarnos de donde proviene la *fortaleza divina*. La fortaleza es una de las doce facultades espirituales o ideas divinas básicas.

"No con ejércitos, ni con fuerza, sino con mi espíritu". Cap. 4:6

Las ideas divinas o facultades espirituales se encuentran en el súper consciente de nuestra mente, la mente Crística. Es por eso que cuando estamos en conciencia espiritual, hablamos de fortaleza espiritual, amor divino, comprensión espiritual, voluntad divina, sabiduría divina, orden divino, vida divina y poder divino. Cuando vamos avanzando y progresando en conciencia espiritual, podemos saber de dónde proviene nuestra fortaleza.   David ya lo había realizado, mucho antes de enfrentarse a Goliat.

Zacarías nos dice que es Dios quien forma el espíritu que está en nosotros. *"Dios extiende los cielos y funda la tierra y forma el espíritu del hombre dentro de él".*   Zacarías 12:1

En el Génesis, Moisés nos relata la creación de nuestra **alma** y **cuerpo**. Zacarías nos dice que es Dios quien forma el **espíritu** que está en nosotros.

♥ Malaquías ♥

El libro fue escrito entre el año 460-444 A E C. Es el último libro del Antiguo Testamento. El nombre de este profeta significa mensajero de Jehová.

Al final del libro de Malaquías la nación de Israel se encuentra de nuevo en la tierra de la Palestina. El imperio dominante es persa. El pueblo estaba sometido a la autoridad de un gobernador persa.

El libro tiene una cita bíblica para preparación de la ofrenda que dice:

"Traed todos los diezmos al alfolí y haya alimento en mi casa; y probadme ahora en esto, dice Jehová de los ejércitos, a ver si no os abriré las ventanas de los cielos y derramaré sobre vosotros bendición hasta que sobreabunde".
Malaquías 3:10

Malaquías aprovecha esta primera parte del camino de transformación de la conciencia adánica, prometiéndonos ser restaurados a través de nuestros corazones.

"El hará volver el corazón de los padres hacia los hijos y el corazón de los hijos hacia los padres".

A través de todo este trayecto hemos visto que la conciencia del hombre en el Antiguo Testamento va avanzado y evolucionando en su comprensión espiritual.

Igualmente va transformándose el centro de potencia mundial, de oriente a occidente. Surge la nación de Macedonia (actualmente se conoce como Grecia) y Alejandro Magno destruye el poder de Persia.

Así finaliza el Antiguo Testamento y nuestra primera parte de la ruta.

de Adán a Jesús

Segunda Parte:

Silencio--Desterto

Silencio

Silencio es el estado de conciencia al cual entramos con el propósito de ponernos en contacto con la Mente Dios.

Nuestra mente permanece en una actitud de escuchar y esperar la manifestación de Dios. La mente debe silenciarse para escuchar la voz de Dios.

Entre el libro del profeta Malaquías hasta el principio de la era cristiana, pasaron unos cuatro siglos (400 años). Se conoce ese tiempo como el periodo Inter-testamentario, o sea el tiempo que pasó entre el Antiguo Testamento y el Nuevo Testamento. Malaquías, el último libro del Antiguo Testamento, finaliza aproximadamente para el año 397 antes de Cristo (A E C).

En el periodo inter-testamentario no se nos presenta ningún líder espiritual y ocurre lo que se conoce como un silencio profético. Los profetas inspirados dejaron de hablar. Fueron **cuatrocientos años de silencio.**

La ausencia de guía es lo que crea confusión en nuestras vidas. Esa falta de líder espiritual durante ese periodo, dio lugar a guerras y destrucción.

Lo que sí sabemos es que cuando aparecen en nuestras vidas este tipo de situaciones, nos vamos al silencio interior para establecer la verdadera conexión con la guía Dios. *Siempre en el silencio se nos revela algo mejor.*

El resultado final de la ausencia de un líder en ese periodo de cuatrocientos años fue la llegada del maestro espiritual de la conciencia más elevada que ha existido, **Jesús el Cristo**.

Durante ese periodo de tiempo fueron escritos varios libros del Antiguo Testamento, entre ellos:

- El libro de Ruth (400 años A E C)
- Jonás (350 años A E C)
- Joel (350 años A E C)
- Eclesiastés (300 años A E C)
- Daniel (165 años A E C)
- Ester (150 años A E C)

En ese periodo, el imperio dominante fue Persia, hasta 333 años A E C. Judea, que es el equivalente grecorromano de Judá, es una provincia del imperio persa.

Los judíos, bajo las reformas de Esdras, desarrollan su interés en la religión. Surge una religión bien organizada, **el Judaísmo.** Era una fe religiosa firme, seria, que creía en ideas de moral y en el desarrollo de la espiritualidad. Al principio, los adeptos del judaísmo eran intolerantes con todo aquello que no fueran sus dogmas y creencias.

Como protesta por este sistema ortodoxo establecido por Edras y los seguidores del judaísmo, se escribe el libro de Ruth. El propósito era demostrar que entre judíos y gentiles se podía llevar a cabo un matrimonio de mucha bendición, contrario al criterio de Esdras. (Leer el libro de Ruth)

La influencia de las ideas de los griegos amplió las rígidas, pero bellas enseñanzas espirituales del judaísmo.

Al fallecer Alejandro Magno, en el año 323 A E C, a la edad de treinta y tres años, su imperio se divide y Egipto y la Palestina quedan bajo la influencia griega.

Los judíos que se habían ido estableciendo en el Mediterráneo, fuera de la Palestina, se les llamó judíos de la Dispersión o Diáspora. Ellos eran más receptivos a la influencia griega que los que vivían en la Palestina. Hablaban griego y vivían en Alejandría. Se dedicaron a traducir los libros de la Biblia al griego. A la versión en el idioma griego se le llama la de los Setenta, porque se dice que fue un trabajo de setenta intérpretes.

Antes de esos cuatrocientos años, el templo de Jerusalén había sido destruido y los judíos fueron llevados a Babilonia (Egipto) en esclavitud. Un remanente de ese pueblo judío es el que regresa a Judá. El regreso del remanente del pueblo ocurrió en el periodo inter-testamentario, entre los libros de Malaquías y Mateo. De ese regreso se nos habla en el libro de Daniel, en el Cap. 2:25 y el Cap.7. Daniel fue uno de los deportados de Judá. Los deportados fueron el remanente del pueblo judío. En este capítulo, Daniel fue llamado a interpretar un sueño al rey. En el capítulo 7, Daniel interpreta otro sueño en un lenguaje simbólico o apocalíptico, con relación a la destrucción de los cuatro reinos terrenales que dominaron al pueblo judío durante el periodo inter-testamentario. Los cuatro reinos fueron: **Babilonia, Persia, Grecia y Roma.**

Es importante tener claro que antes de ese regreso del remanente judío a Jerusalén, existían dos reinos que se llamaban **el reino de Israel y el reino de Judá.** El reino de Israel (las diez tribus del norte), había sido destruido por los asirios en el año 722 A E C. Los que quedaron del pueblo de Israel los enviaron y los mezclaron en las ciudades de los medos. El emperador de Asiria pobló las ciudades de Israel con gente mezclada y se conocieron como los **samaritanos.** La tribu que sobrevivió fue la de Judá. Luego, fue conquistada por Nabucodonosor, rey de los babilonios, quien traslada a Babilonia, a los judíos que anteriormente habitaban en Judá. (Primer exilio).

Los persas conquistan a los babilonios y permiten el retorno de los judíos a la tierra de Israel.

El pueblo judío que regresó del cautiverio o esclavitud, es al cual vamos a estar haciendo referencia en el Nuevo Testamento. De *ese remanente* nos habla el profeta Nehemías en el Cap.1:3 y el Cap. 4:1,3. Ese pueblo quería ayudar a levantar el muro de la ciudad de Jerusalén. A pesar del interés en levantar el muro, tenían una oposición fuerte de parte de los samaritanos, porque eran rivales. Fue ese remante del pueblo judío, el que salió de la esclavitud, el que mantuvo la historia, costumbres y tradiciones de su pueblo, al cual Jesús perteneció.

Jesús nació, vivió y murió judío. El hombre de la conciencia más elevada que ha existido, logró romper la muralla de rivalidad existente entre los judíos y los samaritanos.

Los judíos que salieron de Palestina después de la primera destrucción del templo, en el año 70 E C, se conocen como los judíos de la "dispersión" o "Diáspora". Estos judíos no quisieron regresar a Palestina. Con los judíos de la diáspora fue que se expandieron y se construyeron sinagogas. La sinagoga más antigua que se tiene constancia estaba en Jericó y la más conocida es la de Masada.

En los evangelios solo se menciona la sinagoga construída por el centurión romano. Jesús sana al siervo del centurión: Éste estaba enfermo y a punto de morir. El centurión envió unos ancianos judíos a buscar a Jesús. Ellos le informaron a Jesús que le debía conceder el favor al centurión, *"porque ama a nuestra nación y nos edificó una sinagoga"*.

Lucas 7:5

La primera sinagoga en suelo americano se construyó en la ciudad de Recife, Brasil (1636).

Los pueblos que gobernaron durante los cuatrocientos años del periodo Inter-testamentario, fueron:

- **Persa:** Gobernó desde el año 538 A E C hasta 323 A E C.
- **Egipto**: Gobernó desde el año 323 A E C hasta 222 A E C.
- **Griego**: Gobernó desde el año 222 A E C hasta el 204 A E C
- **Sirio**: Gobernó desde el año 204 A E C hasta 165 A E C.
- Macabeo: Gobernaron desde el año 165 A E C al 63 A E C.
- **Roma**: Gobernó desde el año 63 A E C hasta **Jesús.**

Cuando comenzó el periodo Inter testamentario gobernaban los persas, a la Palestina. Por lo tanto, los persas gobernaban al pueblo judío, al final de Malaquías.

Podemos ver que el pueblo que más tiempo gobernó fue **Egipto**. Durante su dominio se fundó la librería de Alejandría y se tradujo el Antiguo Testamento, del hebreo al griego.

La Biblioteca de Alejandría fue el primer centro de investigación del mundo. Llegó a albergar 700,000 manuscritos. Su destrucción es uno de los misterios más grandes.

En el año 2003 fue inaugurada en Alejandría una nueva biblioteca, promovida por la UNESCO.

El libro del profeta Daniel, en lenguaje simbólico, profetiza la destrucción de estos cuatro reinos del periodo inter-testamentario. A esos reinos los llama cuatro grandes bestias.

El gobierno Sirio fue el más trágico del periodo Inter-testamentario. Llevaron a cabo destrucción, terrorismo, destrozo del templo, derrumbaron los muros de la ciudad, levantaron estatuas de dioses falsos en el altar y culminaron ofreciendo un cerdo en el altar del sacrificio.

El profeta Daniel fue preparando al pueblo judío fortaleciéndolos y animándolos en su lucha contra Siria. Les inculcaba que el Dios Todopoderoso los protegía.

Los Macabeos fue un periodo en que surgió un movimiento donde se restauró el templo.

Hasta ahora hemos conocido al pueblo hebreo, que pasó a ser el pueblo judío, a partir de los profetas Edras y Nehemías. En el trayecto aprendimos la gran influencia positiva y también negativa que ejercieron las diferentes culturas, como la Asiria, los egipcios, los griegos y los romanos. Conocimos las vicisitudes de los judíos durante el periodo inter-testamentario, a través de los libros que se escribieron en esa época tan tumultuosa. A pesar de todo, siempre hay un bien mayor manifestándose, y surge **El Judaísmo**.

El Judaísmo es la filosofía religiosa del pueblo judío y una de las más importantes del mundo. Fue la primera religión monoteísta. Es la base para las dos filosofías subsiguientes, después de Jesucristo: **El Islam** y **el Cristianismo**.

No debemos olvidar que en ese mismo periodo de tiempo existían otros pueblos en otras regiones del mundo, como la China y la India, que tenían su propia filosofía religiosa. Los chinos practicaban **el Taoísmo** y la India practicaba **el Budismo** y **el Hinduismo,** que es la filosofía religiosa más antigua del mundo, más de 4,000 años A E C.

Tercera Parte:

Corazón Crístico

Introducción al Nuevo Testamento:

En el Antiguo Testamento nos acompañaron patriarcas, jueces, videntes, interpretadores de sueños, reyes, profetas mayores y profetas menores. **Nuestra conciencia fue experimentando diferentes estados, a través de los personajes que fuimos conociendo.** La conciencia adánica fue elevándose gradualmente y en numerosas ocasiones se elevó a niveles jamás imaginados. Los personajes que alcanzaron esos niveles espirituales, siguen siendo hoy día nuestros modelos.

Desde Génesis a Malaquías, recorrimos 1,400 años. Luego, atravesamos los 400 años del periodo inter-testamentario y nos faltan 33 años del trayecto hacia la transformación del corazón, para lograr plenitud de vida, amor, sabiduría, abundancia, salud y paz. Nuestra meta es el libro de apocalipsis, o final de la enseñanza.

Ahora, el camino va a tomar un giro muy distinto. Entramos en la etapa de más profundidad espiritual que la humanidad ha vivido. Nuestro líder guía se llama a sí mismo, **"el camino".** *"Yo Soy el Camino la Verdad y la Vida".* Jesús, el maestro espiritual más grande que ha existido en la historia de la humanidad, nos señala el camino. El alcanzó la conciencia Crística. Alcanzar ese grado de conciencia lo convirtió en **el Cristo.**

Lo grandioso y maravilloso es que nuestro maestro nos dice que ese mismo grado de conciencia que Él logró, lo podemos lograr nosotros.

Escuchar la voz de Dios es un requisito fundamental en el camino hacia la conciencia Crística:

"Yo he venido a este mundo a dar testimonio de la Verdad y todo aquel que es de la Verdad, oye mi voz"   *Juan 18:37*

Es necesario abrir nuestro corazón y estar receptivos a todo lo relacionado a la Verdad. Nuestro corazón es la puerta de entrada a las verdades espirituales, a las leyes universales, a los conceptos, a los principios, a lo Absoluto.

Mi corazón, armonizado con la ley de dar y recibir, aceptó la invitación del Padre para escribir tres libros de Verdades Espirituales.

El camino en transformación, de una conciencia sensorial a una conciencia Crística, es una guía para los que han decidido **tomar partido por la Verdad** y lograr una vida abundante y plena.

Para entender la Verdad según enseñó Jesús, debemos trascender el plano físico y discernir las verdades espirituales, espiritualmente. Es por eso que Jesús dijo al ser interrogado por Pilatos: *"La Verdad viene del cielo"*.

Vamos a vivir en el estado de cielo todos los días de nuestras vidas, alcanzando mayor crecimiento en comprensión espiritual. **La espiritualidad implica una conciencia de lo que se ve y una apertura hacia lo que no se ve.** Jesús no enseñó religión, enseñó espiritualidad. La espiritualidad es una. Las religiónes son muchas. En Juan 3:21 Jesús nos dijo: *"El que practica la Verdad, viene a la luz"*.

Jesús nos hace una invitación a *"dejar que nuestra luz alumbre delante de los hombres"* y es un llamado a contribuir a la santificación del mundo, manifestando el Cristo mediante testimonio de nuestra vida, especialmente por la irradiación de fe, amor, sabiduría y paz.

La vida de Jesús representa la expresión espiritual de la humanidad. Es la persona que cada uno de nosotros está destinado a ser.

Jesús nos invita a: *"Conocer la Verdad y la Verdad nos hará libres"*. Es una invitación a mirar más allá del plano físico y pasar al plano del pensamiento puro.

La Verdad que Jesús quería que nosotros conociéramos es **la Verdad Absoluta**. La Verdad que no cambia, que es ilimitada, que es inmutable y completa. La Verdad que describe el Bien. La Verdad de que Dios es la Fuente inagotable del Bien Absoluto, es la Fuente de todo, en todo y con todos. La Verdad que está escrita en el nuestro corazón, en el santuario interno de nuestra alma. Esa es la Verdad que Jesús nos ofrece si seguimos su camino, para poder manifestar el Cristo Morador que está en cada uno de nosotros.

Conocer la Verdad que viene del cielo nos lleva a conocer las ideas divinas, que son nuestros patrones espirituales. Todas las obras de Dios son creadas como ideas divinas.

La otra verdad, la verdad relativa, la que cambia, la que no permanece, la que está basada en nuestra experiencia, en el mundo físico, es la que Jesús dijo que son las apariencias de las cosas. En las apariencias de las cosas es donde vemos pobreza, enfermedad, sufrimientos y tiene que ver con el mundo de nuestros pensamientos y sentimientos.

Jesús, como sabía que lo relativo era cambiante y aparente, invitaba a los que mantenían una conciencia de enfermedad, a ser sanos. Al preguntarles *"¿quieres ser sano?"*, los invitaba a cambiar de la verdad relativa y aparente de enfermedad, a una Verdad Absoluta, de salud perfecta.

Todos los que afirmaban y decían sí a su pregunta, eran sanados y transformados. Esa es la razón por la cual las afirmaciones positivas de verdad tienen mucho poder en el proceso de sanación y transformación. Las afirmaciones nos conectan con el Bien en nuestras vidas, porque son declaraciones positivas de la Verdad.

Jesús reconocía cuando una persona mantenía en su corazón la idea divina de la fe y se lo decía: *"Tu fe te ha sanado"*.

Por la intensidad de energía que salía de la persona, El reconocía, inclusive si ésta tenía mucha fe. El mejor ejemplo fue la mujer que padecía de flujo de sangre. Al ser tocado por ella, Jesús reconoció su fe y sintió que de Él salió poder sanador. *"Alguien me ha tocado, porque yo he conocido que ha salido poder de mi"*.   Lucas 8:43-47

Al nivel que hemos llegado en nuestro sendero, también estamos listos y preparados para entender el concepto:

VERDAD
Cualquier cosa que reconozca, apoye y verifique las ideas divinas, es llamada Verdad. Cualquier cosa que niegue o contradiga las ideas divinas, es llamado error.

Las ideas divinas básicas son: fe, fortaleza, sabiduría, amor, poder, imaginación, comprensión, voluntad, orden, entusiasmo, renunciación y vida.

El libro de **Médico a Maestro y el de Corazón a Corazón** nos enseñan claramente las diferencias entre los conceptos Verdad absoluta y verdad relativa. Además, nos enseñan a saber cómo poder distinguir cuando un pensamiento o una expresión están en lo Absoluto o en lo relativo. Para transformar nuestros pensamientos es fundamental entender estos conceptos, que tan maravillosamente utiliza y nos enseña Jesús. Él sabía que a través de nuestros pensamientos, creamos nuestras experiencias de vida.

A continuación dos ejemplos que nos ayudarán a entender los conceptos absoluto y relativo, para transformar nuestra manera de pensar, sentir y actuar, en una situación.

La enfermedad es una verdad relativa, al igual que la escasez. En cambio, la salud y la abundancia son una Verdad absoluta. La verdad relativa es cambiante, es lo que Jesús llamaba la apariencia de las cosas. Es aparente. Está basada en el mundo físico. En el mundo físico hay limitación. En cambio, la Verdad absoluta no cambia, es ilimitada, inmutable y completa. Lo Absoluto siempre permanece. Lo que es Verdad hoy, siempre lo ha sido y lo será. La Verdad absoluta describe el bien puro.

Si estamos enfermos, podemos sanar porque lo que es aparente es una verdad relativa y se puede cambiar. Se puede transformar a lo Absoluto, que es la **Salud Perfecta**.

La escasez es una verdad relativa, lo que es Verdad Absoluta es la **abundancia**. Si no cambiamos la manera de pensar en limitación y no nos hacemos receptivos al bien ilimitado, a la Fuente Dios, seguiremos en escasez. Por el contrario, si nos apropiamos de la Verdad que con Dios todo es posible y que nuestra provisión viene de Dios, todas las cosas se nos añadirán. Ponemos a Dios primero en todos nuestros asuntos y viviremos una vida abundante y plena.

*La puerta de entrada a lo **ABSOLUTO** está en nuestro corazón, en nuestra conciencia.*

Seguimos en el sendero en conciencia a través del Nuevo Testamento hasta lograr la expresión del Cristo en nuestras vidas y asuntos. **El Cristo va a ser nuestra suprema realización.**

"Cristo en nosotros, esperanza de Gloria"

Libros del Nuevo Testamento:

Los tres primeros evangelios se conocen como *Evangelios Sinópticos,* que significa, "desde el mismo punto de vista". Fueron escritos por Mateo, Marcos y Lucas. Entre ellos hay notable paralelismo y mutuas concordancias.

Muchos de nosotros desconocíamos que los evangelios se escribieron después de la muerte de Pedro, en el año 64 E.C. y después de las cartas de Pablo.

Los libros que se escribieron antes de Cristo, aparecen (A E C) y los escritos después de Cristo, (E C). A E C significa antes de la era común y E C significa era común.

En esta tercera parte del camino, el ambiente es totalmente distinto. **Roma** es el poder dominante en la tierra. El centro de poder cambió del este al oeste (Oriente a Occidente).

Del oriente vinieron los sabios o magos, los cuales necesitaron caminar el sendero para experimentar en todo su esplendor, el nacimiento del Cristo en sus vidas. El recibimiento del Cristo en nuestras vidas lo celebramos ofreciéndole nuestras riquezas espirituales, alabanzas y gratitud de corazón. (Oro, incienso y mirra).

Antes de venir **la luz Crística,** en esos 400 años de silencio, lo que había era oscuridad. Se necesitó el silencio para que la luz, que es lo real, se manifestara. La luz no es externa, es interna. Los magos la siguieron en lo externo, pero la recibieron en lo interno; la luz del **Cristo. "Yo, la luz, he venido a este mundo,** para que todo el que crea en Mí no permanezca en tinieblas". Juan 12:46

La luz de Cristo es la luz de sabiduría, amor, vida, abundancia, plenitud, salud, fortaleza...

La regeneración espiritual es ver la estrella y la luz, en la oscuridad. Es el nacimiento del Cristo en nuestras vidas. Cada uno de nosotros recibimos esa experiencia espiritual de manera distinta. Las experiencias de Dios son individuales. Es un flujo de ideas. La energía de ese fluir puede tener una potencia indescriptible, difícil de describir. Puede ser un torbellino de imágenes y de luz, como le sucedió a Juan en la visión de Jesucristo (apocalipsis).

♥ Mateo ♥ (70 E C)

Vamos a conocer al maestro espiritual más avanzado que ha existido, **Jesús.** Mateo no pierde la oportunidad para presentárnoslo desde sus raíces y comienza relatándonos Su genealogía. Todas Sus generaciones pasadas siguieron un orden divino. Desde Abraham hasta David son catorce; desde David hasta la deportación de Babilonia, son catorce y desde la deportación de Babilonia hasta Cristo, también son catorce.

Abraham *engendró a Isaac, Isaac a Jacob y Jacob a Judá. Judá engendró varias generaciones hasta llegar a Booz. Booz engendró de Rut, la moabita, a Obed. Obed a Isaí. Isaí engendro al rey David y David a Salomón. Después de la deportación de Babilonia, Eleazar engendró a Matán y Matán a Jacob. Jacob engendró a José, esposo de María, de quien nació* **Jesús, llamado el Cristo.** Mateo 1:1-1

Me maravilla la habilidad de Mateo como escritor. Logró en un solo párrafo, resumir el trayecto genealógico de Jesús.

Mateo, con una sola palabra, siguió y se levantó al Cristo. *Jesús vio a un hombre llamado Mateo, que estaba sentado al banco de los tributos públicos y le dijo: **"Sígueme".** Y se levantó y le siguió.* Mateo 9:9

Mateo era contable y durante el ministerio de Jesús se encargó de llevar a cabo esa función.

El *"Sígueme"* de Jesús significa que lo sigamos en conciencia, pues nosotros podemos alcanzar el mismo grado de conciencia que El alcanzó, la conciencia Crística. Es el estado de conciencia más elevado que podemos alcanzar, donde vivimos eternamente en la gloria.

Jesús logró levantar Su ser humano hasta fundirse con Su ser divino.

No dejemos que se nos olvide lo que Jesús nos dijo: *"Yo soy el Camino"*. Él sabía que nosotros podemos lograr la conciencia Crística, al decirnos: *"El que en mi cree, las obras que yo hago, las hará también y mayores aún"*.   Juan 14:12

Hemos dejado todo lo inferior para seguir al Señalador del Camino, Jesús.

El evangelio de Mateo fue escrito después del de Marcos, pero en la manera que estaban agrupadas las enseñanzas de Jesús, especialmente el Sermón del Monte, lo colocaron en primer lugar. El Sermón del Monte es el corazón del Cristianismo y los Diez Mandamientos son el corazón del Judaísmo. En el libro **de Médico a Maestro,** páginas 153-173, se encuentran las ocho bienaventuranzas explicadas, tal como Jesús las enseñó.

Antes de introducir a Juan El Bautista, es importante señalar que al comienzo del Nuevo Testamento, el pueblo judío era guiado por los **fariseos** y los **saduceos**.

Los fariseos eran los encargados de enseñar e interpretar las escrituras al pie de la letra, pero no espiritualmente. Ellos simulaban practicar la ley divina, pero no lo lograban. Jesús denunció a los fariseos por su hipocresía espiritual. Los retó a que tiraran la primera piedra a la mujer adúltera si estaban libres de pecado y no la tiraron. En esa ocasión, les dio una lección de amor y perdón, que es fundamental en nuestro camino al Padre. La mejor lección es no pensar ni actuar como los fariseos y los saduceos.

Entre los judíos, los fariseos eran la secta más influyente y numerosa. Se regían por la Ley Mosaica (ley escrita) y la ley oral. La ley oral era un sinnúmero de explicaciones e interpretaciones de la ley escrita. Estas interpretaciones las hacían los escribas y los rabís. Ellos daban énfasis a las formas externas de la religión y perdían el significado espiritual interno. Esto los convirtió en una clase dogmática, de mente estrecha y santurrona. Eran más populares entre las masas. Eran de la clase media. Creían en la resurrección. Creían que el alma no moría con la muerte del cuerpo.

Los fariseos representan los pensamientos de la subconsciencia que nos atan a las formas externas de religión, de las cuales ni tan siquiera sabemos su significado. El fariseo en nosotros, nos hace amar las formas y ceremonias de la religión y exalta la personalidad en lugar de la individualidad o espiritualidad. *Si negamos esta forma de pensar, vencemos al fariseo en nosotros.*

Los saduceos creían solo en la Ley escrita. Eran aristócratas. Mantenían posiciones de poder y ocupaban la mayoría de los setenta lugares del concilio gobernante, llamado el Sanedrín. Estaban más ocupados con la política que con la religión. No creían en la resurrección. Creían que las almas morían juntamente con el cuerpo. Negaban la existencia del mundo espiritual. Desaparecieron en el año setenta después de Cristo (año de la destrucción del templo).

El judaísmo, que antecedió la época de Jesús, existió hasta la destrucción del templo, en el año 70 después de Cristo.

La resurrección no es física. Jesús nos dice que al resucitar: *"seremos como ángeles de Dios en el cielo"*.

Mateo 22:23

Los escribas se comenzaron a reconocer como grupo en los días del sacerdote Esdras. Eran los copistas de las escrituras. En un principio, los sacerdotes eran a su vez escribas. En el tiempo de Jesús ellos eran personas instruidas de la Ley. Su ocupación fue el estudio sistemático y explicación de la Ley. Pertenecían a la secta religiosa de los fariseos, aunque había algunos que pertenecían a la secta de los saduceos.

Los escribas representan los pensamientos que nos llegan del mundo externo. Por el contrario los pensamientos que fluyen desde nuestro interior, vienen del espíritu.

En Mateo capítulo 23 es donde se encuentra la posición de Jesús con respecto a los fariseos y saduceos. Los acusa por *"decir y no hacer"*.

La relación de Jesús con los fariseos no fue siempre conflictiva, por el contrario, compartían entre si la fe en la resurrección y en el amor de Dios y cumplían el primer mandamiento de la ley. Inclusive, ellos lo invitaban a comer en sus casas. Hoy se considera que más que los fariseos, quienes quisieron la condena de Jesús, fueron los saduceos que pertenecían a la clase sacerdotal de Jerusalén.

En el capítulo 16:16 de Mateo, Jesús pregunta a sus discípulos: "¿Vosotros, quien decís que Soy Yo? Pedro le contesta, "Tu eres el Cristo, el Hijo del Dios viviente". Esta es la primera vez que los discípulos reconocen **el Cristo** en Jesús. El mismo (Jesús) se los corrobora: *"Dichoso tú, Simón, hijo de Jonás, porque no te lo reveló carne ni sangre, sino mi Padre que está en los cielos"*.   Mateo 16:17

Luego, en el capítulo 23:8 de Mateo, Jesús va guiándonos a que entendamos el concepto el **Cristo**.

Nos dice: *"Uno es vuestro Maestro, **el Cristo,** y todos vosotros sois hermanos"*.

Genéticamente todos tenemos en nuestras células lo que conocemos como el "ADN", que nos identifica y es único en cada persona. Así también, todos tenemos **"el Cristo"**, que es la idea de Dios del hombre perfecto, la chista divina implantada en cada uno de nosotros. Al expresar el Cristo en nuestras acciones, nos identifica como hijos de Dios.

No somos hermanos biológicos, somos hermanos espirituales. Tenemos el ADN (gen) espiritual, **el Cristo.**

En el próximo versículo, Jesús nos afirma que nuestro único Padre espiritual es Dios. *"No llaméis a nadie padre vuestro en la tierra, porque uno es vuestro Padre, el que está en los cielos".* Mateo 23:9

Hay una diferencia abismal entre religión y espiritualidad. Las religiones son sistemas organizados de creencias, dogmas y rituales. Son organizaciones creadas por el hombre, con el propósito de entender, definir, estudiar y rendir culto a una Presencia, Dios.

Jesús no fundó religión alguna. Jesús nos mostró y nos enseñó el camino de cómo vivir y conocer la Verdad.

No todas las personas son religiosas, pero si todas las personas somos espirituales, porque somos espíritu, alma y cuerpo, que es la trinidad del ser. Somos seres íntegros. Las religiones son muchas, en cambio la espiritualidad es una.

La espiritualidad es todo y Todo es Dios. La espiritualidad es vivir conscientemente en la Presencia Dios, es nuestra conciencia de una Presencia Superior, Dios, de que somos trinos (espíritu, alma y cuerpo) y de nuestra unidad con esa Presencia Dios.

La práctica de la Presencia Dios nos hace conscientes de nuestra divinidad, ya que somos seres espirituales viviendo una experiencia humana. No se basa en reglas ni dogmas, sino en principios y Verdades.

Profundizamos nuestro vínculo con Dios cuando nos hacemos conscientes de que siempre estamos en la Presencia Dios. Jesús mantuvo siempre en su conciencia una relación con la Presencia Dios, a quien Él llamaba PADRE.

La práctica de la Presencia comienza con la oración y la meditación. Vivir en la Presencia Dios es vivir centrado en Dios, en paz, amor y armonía, impregnando gloria en todo lo que hacemos.

Nuestra misión es despertar al ser espiritual que somos. Depende de nosotros, de cuán lejos lleguemos en nuestro camino en conciencia espiritual.

Juan El Bautista:
Él fue el primer líder espiritual en el Nuevo Testamento y último profeta.

Mateo presenta, en el comienzo de su libro, a **Juan El Bautista,** a quien le correspondía unificar lo antiguo con lo nuevo. *Juan El Bautista fue el último de los profetas* de la vieja dispensación. Le corresponde a él introducir a Jesús, quien iba a expandir, a través de Su enseñanza, los conceptos espirituales más elevados del judaísmo. Jesús nació, vivió y murió siendo judío.

Los padres de   Juan El Bautista fueron Elisabeth y Zacarías. A él se le conoce en el evangelio de Marcos, **como el preparador del camino.** Se le cita en la profecía de Isaías.: *"Voz que clama en el desierto, Preparar el camino; enderezad calzada".*   Isaías 40:3

*Juan el Bautista introduce a Jesús diciéndonos que él bautizaba con agua, pero el que vendría, bautizaría en **Espíritu Santo y fuego.***   Mateo 3:11

El fuego simboliza limpieza y purificación. El fuego del Espíritu es realidad que consume las impurezas de los sentidos. Cuando el error se consume, el fuego cesa. El fuego espiritual consume solo cuando encuentra cualquier cosa que no tenga su misma naturaleza. El fuego de Dios consume las impurezas de la conciencia negativa y revela **el Cristo.**

En el hombre de conciencia purificada, el fuego se manifiesta como vida eterna.

Jesús se bautiza con el bautismo de agua, lo que representa limpieza completa en la conciencia y va seguida de iluminación espiritual.

El bautismo que va a llevar a cabo **Jesús es totalmente espiritual**.

Luego del bautismo, una voz anuncia la identidad espiritual de Jesús: *"Este es mi Hijo amado, en quien tengo complacencia".*   Mateo 3:17

La otra ocasión que en la Biblia se anuncia la identidad espiritual de Jesús, es cuando lo hace El mismo, diciéndole a la samaritana: *"**Yo Soy** el que habla contigo".*   Juan 4:26

El concepto del Cristo ya se conocía antes de Jesús anunciarlo. La samaritana se lo hace saber a Jesús cuando le dice: *"Sé que ha de venir el Mesías, llamado el Cristo, cuando El venga nos declarará todas las cosa".* Juan 4:25

Yo soy es el Cristo en el Nuevo Testamento.

Jesús pasa cuarenta días en el desierto, en preparación y ayuno. Fue guiado por el Espíritu Santo, que es la actividad de Dios en cada uno de nosotros.

La preparación y ayuno por cuarenta días nos enseña que era costumbre de los escritores hebreos, usar números para simbolizar ideas. El número cuarenta en la Biblia se usa para indicar un periodo de preparación espiritual, que se completa para algo que va a seguir, tiempo de cumplimiento en el plano espiritual.

Moisés, Elías y Jesús observaron un periodo de cuarenta días de oración y ayuno, como preparación para su obra espiritual. Moisés recibió los Diez Mandamientos en el Monte Sinaí, al terminar su ayuno. Elías habló con Dios en el Monte Horeb, al terminar su periodo de preparación y ayuno. Jesús comienza su grandioso ministerio espiritual, al final de Su ayuno en el yermo.

Con el ayuno, logramos establecernos en una conciencia más elevada, al soltar y dejar ir pensamientos en lo humano. Es un proceso de renunciación a pensamientos negativos. Al completar el ayuno de estos pensamientos negativos y renunciar a ellos, podemos pasar por pruebas en donde vamos a demostrar que hemos aceptado y hemos recibido iluminación.

Debemos ayunar de todo pensamiento falso y deleitarnos con lo verdadero y lo bueno.

Cuando ayunamos a la manera de Jesús, nos alimentamos de las cosas del Espíritu.

Tentaciones por las cuales pasó Jesús.
Estas nos enseñan a cómo reaccionar en diferentes situaciones. Representan cómo somos tentados cuando hemos alcanzado niveles más elevados en nuestra espiritualidad.

En otras palabras, podemos ser probados, pero no vamos a flaquear. Vamos a demostrar que somos líderes de nuestros pensamientos, al igual que lo demostró Jesús en las tres tentaciones que tuvo.
Para lograr niveles más elevados, se necesita discernimiento y sabiduría espiritual. Conoceremos la Verdad y venceremos sobre todo tipo de tentaciones de la conciencia personal o sensorial.

En este momento, es necesario entender qué se conoce como demonios o espíritus malvados. **Los demonios** son estados adversos de conciencia. Son condiciones mentales que se han desarrollado, al usar nuestro poder de crear en forma negativa e ignorante. Cuando reconocemos solamente el Bien, todo pensamiento y sentimiento negativo, se elimina, se expulsa de nuestra mente y corazón. En otras palabras, expulsamos y echamos fuera los demonios (pensamientos erróneos, negativos), al igual que lo hacía Jesús.

Los estados de conciencia contrarios al bien divino han esclavizado a la humanidad. A estos estados los podemos llamar Adversario/ Satanás/ la Personalidad/ la Serpiente/ Demonio/ Maléfico/ Diablo. Son pensamientos y sentimientos perversos que podemos cambiar. Son aspectos negativos de nuestra alma que tratan de imponerse en nosotros. El Diablo no es una persona, **es la mente personal** que nos tienta para que

114

pensemos, sintamos y actuaremos, incorrectamente, erróneamente. Es un símbolo bíblico y no un nombre de una criatura que tiene existencia por sí misma. *Todos estos nombres son personificaciones literarias del mal, de lo no bueno.* Es un símbolo personificado de la tendencia humana a la negatividad. Es el producto de nuestro pensamiento que egoístamente trata de mantenernos apartados del buen camino, cuando nosotros sabemos realmente lo que se debe hacer.

A través de las tentaciones en conciencia, Jesús enseñó que el Diablo/Satanás es poner los pensamientos en las cosas de los hombres y no en las cosas de Dios:
"Quítate delante de mí, Satanás. Me eres tropiezo, porque no pones la mira en las cosas de Dios, sino en la de los hombres".

Mateo relata tres tentaciones de Jesús. **Estas tentaciones son en conciencia, no se pueden interpretar literalmente.**

Primera tentación:
Convertir piedras en pan. Nos enseña que no se justifica ganar bienes materiales usando nuestro poder espiritual. Nuestro conocimiento de las verdades espirituales nos dice que el bien de Dios es inagotable. *Dios es la Fuente inagotable de todo Bien. Dios es todo, en todo y por todos. Dios es el Bien Absoluto, Omnipresente, Omnisciente y Omnipotente.*

El pensamiento de ignorancia engaña a los que creen que pueden satisfacer el alma con lo material. No hay que convertir las piedras en panes, sino buscar el pan que viene del cielo. *El pan que viene del cielo es la palabra de Dios.* Jesús nos lo dice de esta manera: *"No solo de pan vive el hombre, sino de toda palabra que sale de la boca de Dios".* Mateo 4:4

Lo que alimenta nuestra alma son las ideas y los pensamientos que vienen de la **mente superconsciente**, de lo divino, de lo espiritual, de la conciencia Crística.

Segunda tentación:
    Reta a Jesús a tirarse del pináculo del templo para que los ángeles le sostuviesen. La enseñanza es no sucumbir a la exhibición y alarde de poder espiritual, para gloria personal. La gloria es de Dios.

Los ángeles que se mencionan **significan nuestras capacidades perceptivas**, que se aceleran para servirnos y lograr más desenvolvimiento en comprensión espiritual.
    Comprensión espiritual es la revelación de la Verdad a nuestra conciencia. Repasar libro: **de Médico a Maestro,** séptima lección.

Tercera tentación:
    Es un ofrecimiento a poseer todos los reinos del mundo. Esta tentación nos enseña que en nuestro camino espiritual a la trasformación del corazón, podemos ser tentados por la conciencia personal. *"Todo esto te daré".* Si no mantenemos nuestra mente y corazón en conexión divina, los resultados que vamos a obtener, por la manera de pensar, van a ser destructivos. Es por eso que debemos desprendernos de nuestra personalidad y manifestar nuestra individualidad. Repasar libro: **de Corazón a Corazón,** primeros dos capítulos.

Aprender en nuestro camino en conciencia, a decir no a las tentaciones de, *"Todo esto te daré",* nos va a llevar a vivir una vida abundante y plena.

116

Estar muy alertas a los ofrecimientos de villas y castillos, para evitarnos penurias y sorpresas negativas.

Adorar la personalidad es rendirle culto a un estado de conciencia contrario al bien. No podemos tener pensamientos divididos, pensando positivamente y negativamente al mismo tiempo. No podemos servir a Dios y a la conciencia personal, al mismo tiempo. Para servir a Dios debemos espiritualizar nuestra alma, mente y corazón.

La decisión de vencer las tentaciones o no, es nuestra, pues se nos ha dado el libre albedrio..

En el Antiguo Testamento, la conciencia adánica sucumbió a la tentación y en el Nuevo Testamento, la conciencia Cristica salió victoriosa.

Los religiosos tradicionalistas le han dado mucho énfasis y han dispersado mucha energía, hablando de la manzana, de la hoja de parra y de la serpiente. La conciencia adánica de la tentación los ha cautivado. En nuestro camino, lo que nos va a cautivar es la conciencia Crística. Nos va a cautivar las enseñanzas de Jesús, los principios, las verdades espirituales y los milagros que se llevan a cabo cuando expresamos victoriosamente la conciencia Crística, al igual que lo hizo Jesús.

"El antiguo hombre adánico sucumbió a las tentaciones y el nuevo hombre Crístico sale victorioso".

En Mateo 13:55 se menciona a los hermanos de Jesús: Jacobo (Santiago), José, Simón y Judas. Se nos deja saber que los judíos conocían a Jesús y a José, su padre. Este era conocido como el carpintero. *"¿No es éste el hijo del carpintero?"*

Aunque no se habla directamente de José en los evangelios, este pasaje demuestra que probablemente estaba vivo unos años antes de comenzar Jesús sus tres años de ministerio.

En el evangelio de Mateo encontramos una de las leyes espirituales que más nos ayuda a ser felices, armoniosos y pacificadores:

La regla de Oro: *"Así que todas las cosas que queráis que los hombres hagan con vosotros, así también haced ustedes con ellos, pues esto es la ley y los profetas"*.　Mateo 7:10

La llave de Oro: El escritor Emmet Fox nos legó entre sus escritos una verdad espiritual que es de gran significado en nuestro desarrollo y transformación del corazón. Nos enseña que todo lo que tenemos que hacer es:

Dejar de pensar en la dificultad y en su lugar, solamente pensar en Dios.

Si durante una dificultad o situación,　hacemos solamente eso, cualquier cosa que sea, desaparecerá.

Mentalmente podemos repetir todo lo que sabemos acerca de Dios: **Dios es paz**, **Dios es sabiduría**, **es verdad, amor, vida, Dios todo lo sabe, Dios es el Bien Absoluto, Dios está conmigo, solo existe el poder de Dios, etc.**

Por el contrario, si estamos pensando en la dificultad, no estamos pensando en Dios.

"Pongo todos mis asuntos amorosamente en las manos de Dios y todo aquello que es para mi mayor bien, se manifestará en mi vida".

Hay una sola mano en el universo, es la mano de Dios

♥ **Marcos** ♥ **(65-70 E C)**

Este evangelio no fue escrito por ninguno de los apóstoles. Fue escrito por Juan Marcos, quien acompañó a Pedro en su trabajo misionero en Roma. Él fue secretario de Pedro y escribió sobre Jesús, según Pedro se lo describía. Fue el primer evangelio que se escribió.

Jesús, para enseñar, predecir, sanar, bendecir y resucitar, utilizaba las palabras y las manos. Siempre lo hacía poniendo a Dios primero y alzando su mirada a lo alto, al Padre, a la Fuente inagotable de Bien.

Bendijo a los niños poniendo sus manos.   Mateo 19:15
Tocó los ojos de dos ciegos en Jericó.   Mateo 19:15
En este evangelio Jesús nos habla de la resurrección, en el capítulo 12:18. Los saduceos no creían en la resurrección, pues creían que el alma moría juntamente con el cuerpo. Los fariseos creían en la resurrección y para ellos el alma no moría al morir el cuerpo.

"En la resurrección seremos como ángeles que están en los cielos".   Marcos 12:25

Lo importante del cielo es vivir en la plenitud de Dios. A la pregunta respecto a que los muertos resuciten, Jesús nos dice: *"Dios no es Dios de muertos, sino Dios de vivos".*

Al nosotros pasar a otra dimensión de vida, a la cual llamamos muerte, nuestra alma y nuestro espíritu ya son uno en y con Dios. Se funden con la totalidad, Dios. No hay separación. Vivimos eternamente en la Totalidad, Dios. Estaremos totalmente purificados y *"seremos semejantes a Él, porque lo veremos tal como es Él".*   1 Juan 3:2

Ocurren dos muertes, la espiritual y la física. La muerte espiritual solo ocurre cuando estamos dormidos espiritualmente, es no reconocer el Cristo en nosotros.

Jesús fue un avanzado de su época, reconoció el Cristo en la mujer, contrario a la costumbre de la época. **Dios le había revelado a Jesús, en su corazón, la total dignificación de la mujer.**

Jesús se presenta a las viudas, viendo el Cristo en cada una de ellas. Él se compadece de la viuda de la ciudad de Naín y resucita su hijo. Lucas 7:11-17

Frente a la viuda pobre, delante del arca de la ofrenda, Jesús reconoce la abundancia del corazón de la viuda y se lo hace saber a todos sus discípulos.

Estando Jesús sentado frente al arca de la ofrenda, miraba cómo el pueblo echaba dinero en el arca y muchos ricos echaban mucho. Una viuda pobre llegó y echó dos moneditas de muy poco valor. Jesús llamó a sus discípulos y les dijo:

"Les aseguro que esta viuda pobre ha echado en el tesoro más que todos los demás. Éstos dieron de lo que les sobraba, pero ella, de su pobreza, echó todo lo que tenía, todo su sustento". Marcos 12:41-44

Esta es una lección magistral de **desapego. De soltar** la única atadura que tenía para establecerse en el Reino.

Jesús, delante de la mujer pecadora, portadora del frasco con perfume, reconoce su fe, su amor y arrepentimiento. *"En esto, una mujer conocida en la ciudad como pecadora, al enterarse de que Jesús comía en casa del fariseo, llegó con un frasco de perfume, se colocó detrás de Él junto a sus pies, llorando y empezó a regarle los pies con sus lágrimas; se los secaba con el pelo, los cubría de besos y se los ungía con perfume".*

Lucas 7:37-47

Esta es una lección de Amor perdonador y Amor Divino. (Leer los restantes versículos).

Afirmación: **"Cristo en mi reconoce el Cristo en ti".**

♥ Lucas ♥ (70-80 E C)

Lucas era médico de profesión. No fue uno de los doce apóstoles. Fue el único evangelista no cristiano y Pablo lo convirtió al cristianismo. El acompañó a Pablo en sus viajes misioneros. Describe a Jesús como el Gran Médico que sanaba en alma y cuerpo.

Este evangelio está lleno de detalles.   Encontramos la historia del nacimiento de Jesús, su adolescencia, el relato cuando se le extravió a sus padres a los doce años y se encontraba en el Templo. **El número doce, interpretado espiritualmente, significa entereza, totalidad.**

La contestación de Jesús a María, su mamá, cuando ésta le dijo que lo estaba buscando, fue:
"En los negocios de mi Padre me es necesario estar".

Lucas 2:48-49

Esta afirmación fue el anuncio de Jesús para indicar su dedicación al servicio de Dios, el Padre. **Con esa demostración había alcanzado la madurez y entereza para el camino espiritual que se había trazado.**

Inmediatamente Lucas nos dice que Jesús volvió con sus padres a Nazaret y añade que estaba sujeto a ellos.   Lucas 2:51

Continúa Lucas diciéndonos que **Jesús crecía en sabiduría, estatura y en gracia para con Dios y los hombres.** En otras palabras los que conocían a Jesús lo vieron crecer en estatura física y en sabiduría divina y se lo contaron a Lucas. Si Jesús se hubiese desaparecido de Nazaret, no había por qué dejárselo de contar a Lucas. Lucas lo cuenta según se lo dijeron los que lo vieron con sus propios ojos, mientras crecía en Nazaret.

Lucas, en la dedicación del libro a su amigo **Teófilo, le dice bien claro que él había investigado con diligencia todas las cosas desde su origen, para escribirlas por orden.** Le añade que lo hace para que conocieran bien la verdad de las cosas. Su profesión como investigador médico lo cualificaba para llevar a cabo con orden y veracidad, lo que escribía.

De los doce años en adelante, Jesús dedica su tiempo a su preparación interior, como todo líder espiritual. *No existe un líder espiritual que no haya tenido su tiempo de preparación interior. Jesús era un genio que ardía con su propia luz.* No necesitó aprender sus enseñanzas, sus principios, ni su discernimiento, de ninguna escuela, de ningún maestro, de ningún país, como la India, Persia o Egipto.

Su propósito y su misión ya estaban determinados. Los profetas nos habían adelantado no solamente su genealogía, sino donde iba a nacer, como sería llamado y su misión. *Ninguno de ellos predijo que lo que nos iba a enseñar lo tenía que ir a aprender de maestros humanos a la India, en esos llamados años silenciosos.*

Jesús creció en sabiduría y estatura porque dedicó su tiempo provechosamente orando y meditando. Tenía dominio y conocimiento del Antiguo Testamento, como judío respetuoso de la Ley. Recitaba los salmos de memoria y más adelante, al final de su ministerio, recitó en la cruz el salmo número 22.

"Dios mío, Dios mío, ¿por qué me has desamparado?".
Salmo 22
Luego de recitar el salmo 22 dio una gran voz y entregó el espíritu.
Mateo 27:46-50
Marcos 15:34-37

Su oficio de carpintero lo aprendió de José. Todos los jóvenes judíos aprendían un oficio. El de Pablo fue hacedor de tiendas de campaña. Pablo, contrario a Jesús, necesitó aprender el judaísmo, de su maestro Gamaliel y a través de Ananías aprendió las enseñanzas de Jesús.

A los treinta años es cuando Jesús comienza sus tres años de ministerio, emprendiendo **el camino** hacia el Jordán.

Ahora, en nuestro camino, vamos a acompañar a Jesús dirigiéndose por el sendero entre Samaria y Galilea. Allí escucha a gran voz el pedido de los diez leprosos. El relato nos va a brindar la gran oportunidad de entender *la demostración de la ley divina,* que llamamos milagro. Lucas, como médico, describió detalladamente el historial y examen físico de la enfermedad. El libro de levítico describe la epidemiología, las regulaciones y las medidas preventivas, a los pacientes afectados e infectados por lepra.

La lepra es una enfermedad infecto-contagiosa milenaria. No fue hasta muy reciente que se supo cuáles son los tipos diferentes de lepra, la evolución y el tratamiento de dicha enfermedad. Es causada por una espiroqueta.

El libro de levítico dedica dos extensos capítulos a esta enfermedad. El capítulo 13 comienza señalando la función tan vital y fundamental del sacerdote en el diagnóstico, manejo, prevención y seguimiento de la lepra. El capítulo 14 establece el seguimiento de un paciente de lepra, las ofrendas en agradecimiento por su curación y las medidas sanitarias en el hogar.

En la época de Jesús, los leprosos eran separados de la sociedad. La lepra simboliza la separación en conciencia de la Fuente. Nuestros pensamientos y nuestras actividades en la vida deben estar armonizados con la Fuente de Vida, Dios. Estados de impureza en la manera de pensar, sentir y actuar deben ser redimidos para no perder la vitalidad. Una condición impura o leprosa resulta en nuestro cuerpo cuando albergamos en nuestro corazón pensamientos de separación de la energía vitalizadora, Dios.

Creo que Lucas se sintió muy atraído, como médico, al relatar la limpieza de los diez leprosos, por Jesús (Lucas 17:11) y la de Naamán el sirio, por Eliseo. (Lucas 4:27).

Ambos eran extranjeros y ambos regresaron a dar gracias, al ser sanados. *"Muchos leprosos había en Israel en tiempo de Eliseo, pero ninguno de ellos fue limpiado, sino Naamán el sirio"*. 2 Reyes 5:1-27

Nos sanamos cuando nos levantamos de pensamientos impuros, a pensamientos puros, dirigiéndonos al Cristo.

El relato de *"La pesca milagrosa"* se encuentra en tres de los cuatro evangelios. Este relato explica, con mucha profundidad, la manera en que Jesús enseñó a sus primeros discípulos. Nos enseña a nosotros a establecernos en conciencia de fe, **a como bogar a lo más interno en nosotros y lograr la conexión divina. Libro: de Médico a Maestro,** pagina 19. El estudiante de la Verdad es retado por Jesús a salir del concepto literal y profundizar espiritualmente la enseñanza. Lucas 5:1-11

Lucas nos dice que los discípulos querían que Jesús les enseñara a orar. A los judíos, cuando ya sabían hablar, se les enseñaba a orar. Recitaban bendiciones y peticiones todo el día. Una vez aprendieron la manera positiva y afirmativa de Jesús orar, comenzaron a ver los resultados.

La oración básica con que comenzaron fue el Padre Nuestro. Lucas 11:1

Padre Nuestro

Jesús conocía las dificultades y peligros que el alma encuentra y que se pueden presentar, en nuestro camino a una conciencia de perfección. A medida que avanzamos, debemos estar más vigilantes, ya que podemos hacernos vulnerables. El Padre Nuestro nos ofrece lecciones para el desarrollo de nuestra alma y por ser la más citada de todas las enseñanzas de Jesús, nos vamos a detener a estudiar su contenido.

Todas las iglesias cristianas oran el Padre Nuestro y se recomienda orarlo diariamente. Debe orarse conociendo y entendiendo su contenido, para lograr el desarrollo de nuestra alma. Nuestra alma se prepara y se espiritualiza con la práctica del Padre Nuestro. Jesús compuso esta oración de una manera tan maravillosa, que han pasado siglos y no ha sufrido alteración o modificación.

La oración del Padre Nuestro se divide en siete partes. Ya hemos hablado del significado de perfección que envuelve el siete en la Biblia.

La primera parte:
Padre Nuestro que estás en los cielos:
Esta frase establece la relación entre Dios y nosotros, una relación de Padre a hijo. Establece que todos los hombres somos hermanos, pues somos hijos del mismo Padre. El Padre es divino por naturaleza, así también lo somos nosotros, ya que somos parte de Su naturaleza. **Nuestro Padre común es espiritual y no físico.** Con esta frase se disipa todo concepto erróneo de superioridad de una raza con respecto a otra, o de un grupo social o étnico, con respecto a otro grupo. Aquí Jesús establece claramente que lo importante es nuestra condición espiritual. En espíritu todos somos uno, hijos de un mismo Padre.

Jesús nos explica que la naturaleza de Dios es estar en los cielos. Los cielos es el estado más sublime que nosotros podemos estar. Siempre que estamos en estado de conciencia de los cielos, estamos en conciencia Dios, ya que ese es el estado perfecto. Es nuestra naturaleza humana la que nos hace estar en estado de conciencia terrenal, lo que se conoce como *"estar en la tierra"*, en lo externo. Al nosotros participar de la naturaleza divina, podemos, en conciencia, lograr que nuestra alma participe de lo divino, de los cielos.

La espiritualización de nuestra alma está en completa relación con el grado de apropiación de las ideas divinas y de las verdades espirituales que permitamos dejar entrar a nuestra conciencia.

126

Dios es lo infinito y *la Causa* perfecta de todas las cosas. La causa ha de ser expresada y Dios se expresa a Si mismo por medio de nosotros. Somos la expresión de Dios, somos expresión de la *Causa*. Nuestra razón de ser es expresar a Dios. **Expresar** significa dejar salir a la luz lo que ya existe en nosotros. Cada detalle de nuestra vida es la expresión o manifestación de lo que ya existe en nuestra alma. De ahí, que al espiritualizar nuestra alma, lo que vamos a expresar va a estar ligado al nivel alcanzado en comprensión espiritual. El aumento de Dios en nuestra conciencia va a ser expresado por nosotros en todas nuestras acciones. **Nuestra meta debe ser establecer residencia permanente en el estado mental que llamamos cielo.** Libro: **de Médico a Maestro**: Reino de los Cielos. Página: 173

Reino de Dios y Reino de los Cielos:

El Reino de Dios y el Reino de los cielos no es exactamente lo mismo.

Reino de Dios **es Absoluto**. Es omnipresente, ilimitado, inmutable y puro.
Reino de los cielos **es relativo** para nosotros. Abarca los niveles más elevados de nuestro ser. Es un proceso en nosotros. Es nuestra conciencia de la Verdad. Es nuestra conciencia de la unidad con Dios en crecimiento y desarrollo. Está en nosotros y en diferentes etapas de comprensión para cada persona. Nosotros somos los soberanos de nuestro propio reino, que es el mundo de nuestra propia experiencia de vida. Logramos el reino de los cielos cuando realizamos en nosotros la Verdad Espiritual.

de Adán a Jesús

Según la manera que gobernamos nuestro reino de los cielos:

- Podemos fortalecernos o debilitarnos en salud.
- Podemos atraer a ciertas personas o condiciones y rechazar otras.
- Hacemos venir la riqueza o la pobreza.
- Nos establecemos en serenidad y paz o en miedo, ansiedad y temor.

No debemos olvidar que las oficinas y el palacio del rey del reino, son: nuestra mente, alma y corazón (conciencia).

Segunda Parte:

Santificado sea Tu nombre:

La palabra *santificado* pertenece al mismo grupo que santo, sano/a y perfecto. *Nombre* significa la naturaleza esencial y el carácter de una cosa. Así que la naturaleza de Dios es el Bien Absoluto, **Bien perfecto y santo**.

Si Dios es santificado, todo lo que procede de Dios tiene que ser también santificado, tiene que ser también bueno. Esto es así porque **el efecto** tiene que ser de la misma naturaleza que **la causa**.

Esta es la razón por la cual vamos a dejar de atribuirle a Dios cosas que no vienen de su naturaleza Buena. La adversidad, los accidentes o la muerte, se contradicen con la naturaleza de Dios. **No vienen de Dios.** Debemos dejar de decir esas frases que le atribuyen a Dios cosas que no vienen de Su naturaleza: Ej. *"Dios lo quiso así", ó "Esa es la voluntad de Dios".*

Venga a nosotros Tu reino:
Esta frase nos enseña que nuestra misión y deber es estar siempre ocupados en ayudar a establecer el reino de Dios en la tierra. Esto lo hacemos manifestando y expresando todo el tiempo, las ideas divinas en todos nuestros asuntos.

Cuando estamos receptivos en conciencia a recibir y fluir en el Bien de Dios, entonces es que logramos expresar lo divino en nosotros. Las ideas divinas están en nosotros y solamente tenemos que avivarlas, para conscientemente, poderlas expresar. Ese avivamiento de ideas divinas es la venida a nosotros, de Su reino.

Tercera parte:

Hágase Tu voluntad aquí en la tierra como en el cielo:
Nuestra misión es expresar a Dios. No podemos hacer nada sin contar con Dios. Es importante estar en los negocios del Padre. La voluntad de Dios siempre es buena. Dios es el Bien Absoluto. Cuando nos auto disciplinamos a seguir la voluntad divina y no la nuestra, obtenemos resultados maravillosos. Nos hacemos socios de Dios en todo.

Nuestra naturaleza es divina y la razón por la cual sufrimos es por no conocer la Verdad acerca de la naturaleza de la vida y de nuestra propia naturaleza. Fue por eso que Jesús nos dijo: *"Conoceréis la Verdad y la Verdad os hará libres"*. Dedicó los años de su ministerio a enseñar la Verdad, explicando cómo se debe vivir y como debe ser nuestra relación con Dios/Padre.

Muchos se preguntan, por desconocimiento, por qué Jesús, si conocía las Verdades Espirituales como ningún otro hombre, tuvo que enfrentarse con muchas dificultades, sobre todo en Getsemaní y la muerte en cruz. Los que se hacen esta pregunta desconocen que Él no sufrió por Su causa o por pensamientos erróneos, sino por nosotros. Le llamamos *"El Salvador del Mundo"* porque se dio a la tarea de ser nuestro **Camino a la conciencia Crística**, para que lo mismo que Él hacía, nosotros también lo pudiéramos hacer.

Cuarta parte:

El pan nuestro de cada día, dánoslo hoy:
El pan nuestro de cada día es el pan cotidiano y significa, además de alimento, todo lo que nosotros necesitamos para disfrutar de una vida feliz, sana, libre y armoniosa. Este pan cotidiano se obtiene reconociendo a Dios como la Fuente de todo bien.

En el sentido más profundo, **el pan de cada día es la realización de la Presencia Dios en nosotros**. Es la convicción de que Dios es la gran realidad. Es la seguridad de que Dios es perfectamente bueno, Bien Absoluto, Omnipresente, omnipotente, omnisciente y no tenemos nada que temer.

Debemos darnos hoy, mañana y siempre, la experiencia de la realización de la Presencia Dios en nosotros, tan esencial y vital en el progreso de nuestra alma.

Con este alimento espiritual, nuestra alma se fortifica y se desarrolla, tal como el alimento físico fortalece y desarrolla nuestro cuerpo. Si se priva nuestra alma de este alimento, que es **la práctica de la Presencia Dios,** no recibe su espiritualización, se estanca y limita su desarrollo. No olvidemos que venimos a esta experiencia de vida a espiritualizar nuestra alma.

Jesús se refiere a toda esta experiencia como *el pan que alimenta nuestra alma y no como el pan que alimenta nuestro cuerpo.* Al pan cotidiano Jesús lo llama **pan de vida**, el pan de valor espiritual, vivir **la Presencia Dios**. Ese es el maná.

Vivir en la Presencia Dios es el alimento del alma.

Quinta parte:

Perdona nuestras deudas, así como nosotros perdonamos a nuestros deudores:
Error es lo que muchas personas le llaman pecado. El mayor error es sentirnos separados de Dios. Lo real es que somos uno con Dios y uno en Dios. Somos inseparables, somos unidad y somos parte de la Totalidad, Dios. Dios no se separa nunca de nosotros, somos nosotros los que en conciencia, nos separamos de Dios.

Si viviéramos como si tuviésemos una vida independiente, un espíritu separado, como si nuestros intereses fueran distintos de los intereses de Dios para nosotros, se nos haría difícil descubrir que hay algún bien cuando surge una situación negativa en nuestras vidas.

Hablemos ahora del perdón. Al perdonar somos bendecidos, pero primero debemos perdonarnos a nosotros mismos, para luego poder perdonar a los demás. El perdonar impacta positivamente todas las áreas de nuestras vidas. Al perdonarnos y perdonar, vamos a sentir la energía sanadora y renovadora Dios, fluyendo a través de nosotros. Cuando aprendemos a perdonarnos a nosotros mismos se nos hace más fácil perdonar a los demás.

Debemos estar listos a perdonarnos a nosotros mismos y si no lo hacemos, es por orgullo espiritual. El perdón nos libra a nosotros y salvamos nuestra alma. El ejemplo que nunca debemos olvidar es el de Jesús en la cruz. Jamás se ha hecho una declaración más pura y más noble que la que hizo Jesús desde la cruz:

"Padre, perdónalos, porque no saben lo que hacen".

Lucas 23:34

Lo último que hizo fue perdonar y siguió su paso a la resurrección.

Una vida abundante de paz, gozo y alegría se manifiesta en nosotros cuando dejamos al Cristo toda la carga. Perdonamos completamente y estamos en paz con nosotros, con los demás y con el mundo.

Nosotros vamos en un viaje espiritual, por lo tanto buscamos nuestra unión con la naturaleza del Cristo en nosotros.

Sexta parte:

No nos dejes caer en tentación, más líbranos de todo mal.

Tentación es una prueba. Las tentaciones representan los deseos y ambiciones de las fuerzas del subconsciente, no puestas a prueba.

El ejemplo nos lo brinda Jesús en el desierto cuando fue tentado por el adversario, o la personalidad. Su comprensión superior resistió las promesas engañosas que le hicieron. Las tentaciones en el desierto, como ya enseñamos, no fueron físicas, porque no había montañas desde la cual se pudieran ver todos los reinos de la tierra. Tampoco había un templo en el desierto, al cual satanás, el adversario, pudiera haber llevado a Jesús.

Las tentaciones más frecuentes con que nosotros nos podemos enfrentar son: El deseo de luchar por nuestra propia gloria. La tentación de buscar honores y distinciones. La tentación de buscar ventajas económicas y materiales. La tentación de permitir que preferencias personales influyan en nuestros juicios. La tentación del orgullo espiritual.

Es por eso que mientras más conocimiento tengamos de las Verdades Espirituales, más debemos estar vigilantes a no profanar esa sagrada bendición que nos ha sido concedida.

Jesús lo que quiere es que oremos para que se nos libre de todo aquello que sea demasiado para nosotros, de acuerdo con nuestro nivel espiritual. Para librarnos de tentaciones o pruebas que no podemos vencer, se nos ofrece la oración. Oramos por sabiduría, por inteligencia, por pureza, por guía y dirección del Espíritu Santo.

Jesús nos invita a poner el otro lado de la mejilla, que significa, movernos del lado negativo de la conciencia adánica, al lado positivo y afirmativo de **la conciencia Crística**.

Séptima parte:

Porque tuyo es el reino, el poder y la gloria por siempre:

Significa que Dios es Todo en Todo y sobre Todo, es el creador y el hacedor. Resume la verdad esencial de la Totalidad de Dios.

El reino es toda la creación y la gloria es conciencia de unidad con Dios. **La gloria** es la fusión de la mente del hombre a la Mente de Dios. Es en esa conciencia donde nos encontramos en estado de gloria.

"Cristo en nosotros, esperanza de gloria".

Colosenses 1:27

♥ Juan ♥ (90 E C)

El evangelio de Juan se conoce como el evangelio metafísico del Nuevo Testamento. Se conoce además, como el evangelio del amor. Juan define a Dios como: *"Dios es Amor"*.

1 Juan 4:8

En este evangelio Jesús define por primera vez a Dios y nos dice: *"Dios es Espíritu* y los que le adoran, en espíritu y en Verdad es necesario que le adoren"*.

Juan 14:24

Este evangelio es muy especial y nos brinda la gran oportunidad de exponernos a las interpretaciones espirituales y metafísicas de Juan.

El comienza diciendo: *"En el principio existía el Verbo y el Verbo estaba con Dios y el Verbo era Dios"*.

Juan 1:1

La palabra griega logos se traduce como *"Verbo"*. Logos o Verbo **es la expresión de Dios**. Es la comunicación de Dios con Sí mismo, así como una *"palabra"* es la comunicación externa de los pensamientos de una persona. La palabra es pensamiento expresado. El pensamiento es la palabra interna.

Esta expresión externa de Dios ocurre por medio de Jesucristo (Hijo de Dios). Esto nos hace comprender por qué llamamos a Jesucristo, *la palabra de Dios*.

Jesús es la expresión externa de las ideas de Dios, de Su sabiduría, de Su amor, de Su propósito y de Su plan divino.

Si entendemos que el Verbo, el logos, es la expresión de Dios, está claro que lo que Dios expresa (sabiduría, amor y bien), estaban con Él *en el principio*.

135

La "palabra" de Dios, estaba con Dios cuando Él daba vida a Su Creación. **"HAGASE"**

La palabra, el logos, el Verbo *"se hizo carne"*, se expresó en Jesucristo. En otras palabras, se concretizó. Se llevó a cabo en la creación.

El Verbo es la palabra. *El Verbo es Jesucristo, la palabra de Dios en expresión.*

Como el Verbo es Jesucristo, que es la palabra en expresión, por lo tanto, Jesucristo representa *la idea* como *la expresión,* en la Mente Dios.

El *"Verbo se hizo carne"* quiere decir que no existía así anteriormente. Sí había la pre-existencia de *la idea* en la Mente Dios, por los siglos de los siglos. En la Mente Dios existe una idea, **el Cristo**, y esa idea se expresa, se hace carne, por medio de Jesucristo (Jesús el Cristo).

Podemos decir que Juan conocía la carta de Pablo, Colosense 1:26, pues ésta se escribió en el año 60 E. C., antes de su evangelio (90 E.C.).

El *"Verbo era Dios"* significa que *Jesucristo es divino*, creado a la imagen, a la idea de Dios.

La Mente Dios *crea la idea* del hombre perfecto y la idea se expresa. Jesucristo representa tanto esa idea, como la expresión de esa idea divina. La idea existió desde y en el principio. **Cristo es la idea.**

136

En otras palabras, en su creación, el Creador Dios tiene una idea del hombre. Esa idea la representa y se expresa en Jesucristo, **Jesús el Cristo, Hijo de hombre**.

La idea de Dios del hombre, expresada en lo Absoluto, es lo que se conoce como **Hijo de Dios: Jesús el Cristo, Hijo de Dios.**

Lo Absoluto es lo perfecto, lo verdadero y nos presenta perfecto en Cristo, a todo hombre.   Colosenses 1:28

Hijo de Dios es el verdadero ser espiritual de nosotros. Es la plenitud de la idea del hombre perfecto en la Mente Divina, el Cristo. Es la idea Crística en la Mente Dios.

Todos somos hijos de Dios y tenemos el Cristo en nosotros. Esta idea del hombre perfecto, *"el Cristo"*, fue implantada por Dios a cada uno de nosotros, desde la creación. Es el hombre que Dios creó a Su imagen y semejanza.

A medida que avanzamos en el camino, vamos a entender que en nosotros existe esa idea, **"el Cristo"**. El Creador, Dios, nos hizo a Su imagen, **a Su idea**. Ahora nos corresponde a nosotros hacer lo mismo que hizo Jesús, *EXPRESAR* la idea, **"el Cristo"**.

"La imagen" es la idea que Dios tiene de nosotros y de Jesús. Jesús lo explicaba diciendo, *"El que me ha visto a mi ha visto al Padre"*   Juan 14:9

Amamos a Dios, cuando amamos su idea en nuestros semejantes.

Cuando expresamos **el Cristo** despertamos a **Su semejanza.**

"Estaré satisfecho cuando despierte a tu semejanza"
Salmo 17:15

El comienzo del evangelio de Juan demuestra el dominio que él tenía del concepto **"el Cristo".** La carta de Pablo lo impactó de tal manera que comenzó su evangelio ofreciéndonos su explicación metafísica del misterio escondido durante épocas, edades, generaciones y siglos.

Juan relata siete de los milagros de Jesús. En la Biblia, el número siete significa: **perfección, plenitud y excelencia.**

- Jesús: Convierte el agua en vino.
- Sana al hijo de un noble.
- Sana al paralítico de Betesda.
- Alimenta a cinco mil personas.
- Anda sobre el mar.
- Sana a un ciego de nacimiento.
- Resucita a Lázaro.

Milagro es la demostración o el cumplimiento de la ley divina. Podemos decir que milagro es cuando pasan cosas buenas, positivas, que no podemos explicar.

♥ Libro Hechos de los apóstoles ♥ (80 E C)

Este libro es la única historia de la iglesia primitiva. Es uno de los libros históricos. Es una continuación del evangelio de Lucas y fue escrito por él mismo. Comienza dirigiéndose a Teófilo, al igual que en el evangelio de Lucas. Se cree que se escribió después del año 70 E.C. y la gran mayoría, sitúa a este libro en los años 80 E C. Lucas le hace saber a Teófilo que en su primer libro escribió acerca de todo lo que Jesús había hecho y enseñado, desde el principio y hasta que subió al cielo. Jesús les dio instrucciones a los apóstoles sobre lo que debían hacer después de su muerte. Se les presentó en persona, dándoles claras pruebas de que estaba vivo. Se dejó ver de ellos por cuarenta días y les estuvo hablando del reino de Dios.

Lucas es la abreviación de Lucano, médico de Antioquía de Siria. Fue el único evangelista de origen pagano. Se convirtió al cristianismo alrededor del año cuarenta después de Cristo. Escribió el evangelio alrededor del año setenta (70). Fue discípulo y compañero de Pablo. Buen conocedor de la lengua griega.Acompaño a Pedro y a Pablo en la labor evangelizadora. Acompañó a Pablo en el segundo viaje en Tróade, en Filipos, en Macedonia y camino de Palestina. En el tercer viaje, lo acompaño en Jerusalén, en Cesaría, en Roma, tanto en el primer cautiverio como en el segundo. Fue fiel hasta la muerte de Pablo y de ahí en adelante no sabemos nada de Lucas. Parece que fue a Bitinia a predicar y murió allí.

Hechos de los Apóstoles relata el establecimiento de la primera iglesia y la difusión del cristianismo primitivo, a través de una gran parte del mundo greco-romano.

A los cristianos, al principio, se les llamaba seguidores del Camino. Hechos19:23 y 22:4. Luego se les llamó la secta de los Nazarenos. Hechos 24:5 y 28:22. Actualmente se les llama cristianos.

En el libro de Hechos encontramos dos de las cinco resucitaciones que aparecen en el Nuevo Testamento: la resucitación de Tabita por Pedro y la de Eutico por Pablo.

En el Cap. 6:5 encontramos los siete diáconos de la iglesia primitiva: Esteban, Felipe, Prócoro, Nicanor, Timón, Parmena y Nicolás.

El libro de Hechos contiene veintiocho capítulos y lo podemos dividir en tres partes:
1- La promesa de Jesús en Lucas 24:49 *"Quedaos en la ciudad hasta que seáis investidos de poder desde lo alto"*. Esta es la promesa de la venida del Espíritu Santo a los apóstoles, en el aposento alto, el día de Pentecostés en Jerusalén.

2- El mensaje de Pedro, testificando sobre la resurrección de Jesús y la conversión de tres mil personas en su primer mensaje.

3- La historia de Pablo, sus viajes, su conversión, su ministerio con los gentiles, hasta llegar como prisionero a Roma.

Por medio de la fe (representada por Pedro), aceptamos la presencia del Espíritu Santo en nosotros. **El Espíritu Santo es la actividad de Dios en nuestras vidas y nuestros asuntos.**

Es a través del Espíritu Santo que logramos sentir la Presencia Dios en nosotros y en todas nuestras acciones.

Sabemos que somos uno con Dios y uno con todos, pues en el Espíritu todos tenemos pensamientos en común.

Hechos 2:44 nos enseña cómo se sienten los Hijos de Dios cuando están en comunión unos con otros, en pensamiento espiritual.

Nuestra mente y corazón están receptivos al Bien de Dios para nosotros y es a través del Cristo en nosotros que resucitamos y nos renovamos en pensamiento, todo momento, día tras día, hora tras hora, minuto a minuto.

El mensaje de Pedro convirtió y le cambió el pensamiento a miles de personas que lo escucharon. Al igual que la multitud, nuestro corazón está receptivo a recibir la Verdad. El Espíritu Santo está activo en nosotros.

La primera parte del libro de Hechos relata la venida del Espíritu Santo, el día de Pentecostés, en el Aposento Alto.

La fiesta de Pentecostés:
Esta fiesta duraba solamente un día y se celebraba cincuenta días después de la Pascua, al terminar la recolección de las cosechas de la primavera. El templo se llenaba de judíos devotos que venían de toda Palestina y la externa región mediterránea. En esta fiesta se conmemoraba la concesión de la Ley de Moisés en el Monte Sinaí. Ellos venían a ofrecer sacrificios anualmente a su Dios, por las abundantes cosechas. Mientras la ciudad de Jerusalén se preparaba para ese acontecimiento, los apóstoles también se preparaban y se reunían en el aposento alto de una casa a esperar el cumplimiento de la promesa de Jesús. (Lc.24:49) *"Quedaos en la ciudad hasta que seáis investidos de poder desde lo alto"*. Así

les había dicho en unas de sus muchas apariciones, en esos cuarenta días, desde la resurrección hasta la Ascensión. Poco antes de la Ascensión les prometió: *"Vosotros dentro de poco seréis bautizados con el Espíritu Santo".* Hechos 1:5

Las personas que se encontraban reunidas en el Aposento Alto fueron:
Los apóstoles: Pedro, Andrés, Santiago (hijo del Zebedeo), Juan, Felipe, Bartolomé, Tomás, Mateo, Santiago (el hijo del Alfeo), Simón y Tadeo. Once en total y se eligió a Matías ese día, como sucesor de Judas. También estaban en el Aposento Alto, **María,** la madre de Jesús y *"los seguidores del Camino".*

A los primeros cristianos se les llamaba la *"secta de los Nazarenos"* y luego se les llamó, los seguidores del *"Camino".* (Hechos. 9:2). Ese día ciento veinte de ellos estaban reunidos con los apóstoles.
Nota: Se les llamó **cristianos** por primera vez, en Antioquía.
Hechos 11:26

Pedro asumió el liderato del grupo. Lo primero que solucionaron fue seleccionar el sucesor de Judas Iscariote. En esa reunión en el aposento alto, estaban los once apóstoles y más de ciento veinte creyentes. Oraron y entre Barsabás y Matías, seleccionaron a Matías. La oración que dijeron fue: *"Tú, Señor, que conoces los corazones de todos los hombres, muéstranos cuál de estos dos has escogido".* Hechos 1:24

Ese día de Pentecostés recibieron el bautismo del Espíritu Santo.

"Aposento Alto"
La Promesa de la Venida del Espíritu Santo. Hechos cap. 2:1-47

El libro de Hechos tiene veintiocho capítulos. En los primeros doce el personaje principal es Pedro y en los dieciséis restantes, Pablo. El protagonista principal es el *ESPÍRITU SANTO.*

Pedro se convierte en el líder del grupo y salen a predicar las nuevas y el mensaje de Jesús. Todos los que llegaron a Jerusalén de áreas y lugares diferentes y con lenguajes distintos, pudieron recibir la palabra, pues los apóstoles se comunicaron con ellos en sus propias lenguas. Pedro les predicó el mensaje de la resurrección de Jesús y se convirtieron tres mil personas.

El mensaje de Pedro convirtió y le cambió el pensamiento a miles de personas que lo escucharon. Nuestro corazón está receptivo a recibir la Verdad, al igual que la multitud que escuchó a Pedro. El Espíritu Santo está activo en nosotros.

Pedro, el apóstol, es el personaje principal de la primera parte del libro de Hechos. La segunda parte del libro, está dedicado a **Pablo**.

La Verdad enseñada por Jesús, se divulgó por toda Palestina. Su ministerio por tres años atrajo a varios discípulos, entre los cuales seleccionó doce: Pedro, Andrés, Santiago el hijo del Zebedeo, Juan, Felipe, Bartolomé, Tomás, Mateo, Santiago el hijo del Alfeo, Simón, Tadeo y Judas. Todos eran de Galilea, excepto Judas Iscariote. Los apóstoles eran un grupo heterogéneo, pertenecientes a la clase media y la mayoría eran pescadores.

Estos rápidamente abandonaron todo y siguieron a Jesús.

Jesús, después de la resurrección, estuvo por *cuarenta días* con los apóstoles, hasta la Ascensión.

"Me seréis testigos en Jerusalén y en toda Judea, en Samaria y hasta lo último de la tierra".   Hechos 1:8

Primero se comenzó a predicar el evangelio en Jerusalén y se fue extendiendo en círculos cada vez más amplios, hasta llegar a Roma.

Cuando decimos que estamos *"llenos del Espíritu Santo"*, significa que hemos experimentado la actividad del Espíritu Santo en nuestra conciencia.

En el camino espiritual para la transformación del corazón, lo primero que verdaderamente buscamos es a Dios. Puede que pensemos que durante nuestra vida lo que estamos buscando sean honores, prestigio, solvencia económica, felicidad, conocimiento, pero tarde o temprano admitimos que es a Dios a quien buscamos. El Salmo 42 nos dice: *"Mi alma tiene sed de Dios"*

No hay manera alguna de sobrevivir más de tres días sin agua y el salmista lo sabía muy bien al relatarnos cómo el siervo brama por corrientes de agua. Así, nuestra alma tiene sed de Dios, del Dios vivo.

¿Quién es Dios?, ¿Qué somos nosotros?, ¿Donde encontramos a Dios?, ¿Cómo lo encontramos?, ¿Cuál es la semilla de nuestra divinidad?, ¿Qué es el Cristo?, Qué es conciencia? ¿Qué es nuestro espíritu? ¿Qué es nuestra alma?, ¿Qué es nuestro cuerpo?, ¿Qué son nuestros pensamientos? ¿Qué es nuestra mente?, ¿Dónde se encuentran los pensamientos y nuestros sentimientos, en

nuestra mente?, ¿En qué parte de nuestra conciencia es donde se lleva a cabo la transformación?, ¿Que son las ideas divinas?, ¿Que son las verdades espirituales?, ¿Cuáles son las leyes espirituales y cómo funcionan? ¿Qué es la Gracia? ¿Cómo puedo hablar a Dios? ¿Cómo escucho a Dios?

Las respuestas a estas preguntas las vamos encontrando a medida que avanzamos en el camino espiritual. Podemos seguir la orientación de maestros, ministros, compañeros en la búsqueda de la Verdad, libros, la Biblia. La verdadera respuesta está en nosotros mismos. Nos guiamos por nuestro corazón, conscientes que somos uno en y con Dios. Dios es presencia en nosotros.

Jesús nos dijo: *"Dios es espíritu"* Juan 4:24. Jesús le explicó a la samaritana, que no es ni en el monte ni en las sinagogas donde se adora a Dios. Se le adora en Espíritu y en Verdad, en lo más interno de nosotros. Contrario a los fariseos, que adoraban a Dios en lo externo.

Pablo nos dijo: *"Porque en él vivimos, nos movemos y somos"*.   Hechos 17:2

Los atenienses tenían una inscripción que decía *"al Dios No Conocido"*. Cuando Pablo visitó Atenas les dijo: *"a ese es el que vengo a anunciarles"*, el que hizo todas las cosas, quien da a todos vida, que no está lejos de cada uno de nosotros, *"porque en Él vivimos, nos movemos y tenemos nuestro ser"*.

Dios es presencia en nosotros, Él mora en nuestros propios corazones como actividad de vida, amor y paz. Nos vamos dando cuenta que Dios no es un ser que vive muy lejos. Dios es todo en todo. *"Dios es sobre todos, por todos y en todos"*.   Efesios 4:6

Muchos de nosotros personalizábamos a Dios, lo veíamos como un hombre con barbas. En la época del pintor italiano Miguel Ángel, pasó exactamente lo mismo. Él lo pintó y lo presentó de esa manera en las paredes de las iglesias de su tiempo. Nosotros ya hemos avanzado y sabemos que Dios es:

- **Omnipresencia**: Es presencia en nosotros. Está en cada parte nuestra. Es la esencia de vida que infiltra todo nivel de nuestro ser, nuestro espíritu y nuestra mente. Está en toda la creación, en todo el universo. Es vida. Es la fuente y soporte de toda energía y actividad. Es la energía viviente de la cual todo está hecho.

- **Omnisciencia:** Dios como mente es omnisciente. Es todo conocimiento. Dios como mente origina todas las ideas divinas. Es la fuente de toda manifestación del conocimiento y la sabiduría verdadera.

- **Omnipotencia:** Dios es todo poder. Dios es la fuente de todo poder, toda autoridad y toda fortaleza.

La pregunta que nos hacemos:
¿Que soy Yo? Nosotros somos:

Espíritu----------Alma---------Cuerpo

Nuestro espíritu es nuestro ser divino, es perfecto, es inalterable. Es nuestra mente superconsciente. Es el origen de todo lo que uno es. Es indestructible. Es la fuente infinita, donde el fluir de ideas nunca cesa. Es lo que somos verdaderamente.
de Medico a Maestro: páginas #70-72

En el estudio de Dios y el hombre nos relacionamos con varias trinidades. Es fundamental estudiarlas y tener un amplio conocimiento de estos conceptos. *En el judaísmo no se acepta el concepto de la trinidad.*

La teología cristiana nos enseña la Trinidad, la cual no se refiere a tres dioses separados, sino un Dios en tres fases de expresión:

Padre, Hijo y Espíritu Santo

Estudiamos la naturaleza triple del hombre:

Espíritu, Alma y Cuerpo

La actividad triple de la mente:

Super Consciente, Consciente y Subconsciente

Las tres etapas de la manifestación:

Mente, Idea y Expresión.

Dios: A Dios le damos diferentes **nombres y atributos**.

Dios es tan vasto en Su totalidad que siempre terminamos encontrando atributos que describen a Dios, más bien que definirlo. Cada uno de nosotros sólo puede conocer a Dios de su propia experiencia. Hay tantas definiciones de Dios como hay personas en este planeta.

A Dios le llamamos:
Verdad, Amor, el Bien, Espíritu, Omnipresencia, Omnipotencia, Omnisciencia, Ser Supremo, La Fuente, Poder Supremo, Altísimo, Creador, Origen de toda vida, la Presencia, Padre, Madre, Padre-Madre, Mente Divina, la Inteligencia Universal (libro: **de Corazón a Corazón**). El nombre no es tan importante como lo que Él representa en nuestro corazón. Lo más importante es y lo vamos a repetir todos los días:

"Hay una sola Presencia, un solo Poder, una sola Actividad en nuestras vidas y en el universo, Dios, el Bien Absoluto y todo está bien".

Hay una sola Presencia. Hay un sólo Dios, por lo tanto, Dios es omnipresente. Esta presencia universal es un aspecto de Dios. Como Dios es todo, no puede haber nada fuera de Dios. Todo es parte de Dios. Debido a eso, Dios es más que omnipresente, Dios es omnipresencia. Todo es Dios. Todos somos parte de Dios. Todos somos uno con Dios y uno con cada persona. Donde quiera que estemos, Dios está.

Dios es Omnipotente, todopoderoso, es omnipotencia, todo Poder, el único Poder. Este Poder es bueno. El poder en nosotros es el de Dios. Nosotros decidimos como dejar que el poder de Dios se exprese en nuestras vidas. El plan de Dios para nosotros es sólo el bien.

Dios es omnisciente y sabe todo. Tiene conocimiento universal. Es Omnisciencia. Todo-Conocimiento, Todo-Sabiduría. Dios es todo y es bueno.

Las cartas de Pablo:

Pablo fue uno de los maestros más adelantados que el mundo ha conocido. Se considera el principal predicador del cristianismo. Es un eslabón esencial en la cadena de desenvolvimiento espiritual que conduce a la conciencia Crística.

La forma en que Pablo persistió en su trabajo, simboliza el modo en que debemos persistir para transformar nuestros propios estados de conciencia, que aún no hemos regenerado.

Para lograr la regeneración debemos comenzar a trabajar los pensamientos que se encuentran en la **mente consciente** y completar ese trabajo en la **mente subconsciente**.

Nuestra **mente consciente** tiene el poder de decidir si aceptamos o no un pensamiento. Es aquí donde el pensamiento y el razonamiento tienen lugar. Recibe y procesa información. Nuestra mente consciente tiene una inmensa responsabilidad, pues todo pensamiento al que se hace receptivo, lo deja que pase a la mente subconsciente. Trabaja como un portero y si abrimos la puerta a pensamientos negativos, destructivos, erróneos y de limitación, estos pasan a nuestro subconsciente. Perfeccionamos la mente consciente cuando permitimos y aceptamos el fluir de ideas divinas, de pensamientos positivos y edificantes.

La **mente subconsciente** es lo que conocemos como el corazón. Es ahí donde verdaderamente hacemos la transformación. Podemos llamarla el almacén de los pensamientos. Es la memoria de todo lo que hemos pensado, sentido, dicho y oído a la gente decir. Funciona como un almacén, recibe información de la mente supra consciente y de

de Adán a Jesús

la mente consciente. El subconsciente no discierne, por lo tanto no es responsable de los pensamientos y sentimientos que la mente consciente le envía. Si conscientemente permitimos pensamientos constructivos o destructivos, negativos o positivos, edificantes o no, estos pasan al subconsciente. Las órdenes que le damos al subconsciente las lleva a cabo automáticamente. Es por eso que podemos transformar nuestra mente subconsciente, nuestro corazón. Lo podemos hacer dándole órdenes nuevas, positivas, espirituales, poderosas y transformadoras. La afirmaciones, las oraciones y las meditaciones son las herramientas más valiosas que tenemos a nuestro alcance para transformar nuestro corazón, nuestro subconsciente.

Pablo claramente nos dijo: *"Transformaos por medio de la renovación de vuestros pensamientos, de vuestra mente".* Romanos 12:2

Ahora, en la continuación de nuestro camino hacia la transformación de nuestra mente y corazón, nos vamos a dar un banquete espiritual a través de las cartas de Pablo.

♥ **Romanos** ♥

La carta a los romanos Pablo la escribe en el año 58 E C desde la ciudad de Corinto. Esta iglesia él nunca la había visitado, pues nunca había estado en Roma. Las otras iglesias, a las cuales les escribió, sí las había visitado.

No se conoce el fundador de la iglesia de Roma. En el libro de Hechos se menciona que había visitantes de Roma, en Jerusalén el día de Pentecostés. Alguno que escuchó el mensaje de Pedro en Jerusalén, llevó el mensaje del evangelio a la capital del Imperio Romano.

Un concepto importante en esta carta es la **"Justificación por la fe"**. La justificación es el perdón de Dios. Hemos superado la conciencia del Antiguo Testamento del Dios castigador y estamos bien conscientes de que Dios es un Dios de amor, no juzga.

Otro concepto es **"la rectitud"**. La rectitud la recibimos de Cristo, por nuestra fe. De ahí, el establecernos en conciencia de fe en todos nuestros asuntos. La fe es seguridad espiritual y es a través de la fe que nos conectamos con la energía todopoderosa. Es fundamental en nuestro crecimiento en conciencia espiritual.

Pablo sostenía que todos se habían quedado cortos expresando rectitud: Los gentiles, por su adoración a ídolos y vida inmoral. Los judíos por su insistencia en las obras de la Ley y por su negligencia en cuanto al verdadero espíritu de la Ley.

Romanos 1-2

Pablo enfatiza que por medio de la conciencia Crística vino la rectitud y la vida. Los que aceptan a Cristo reciben salvación. Una vez aceptamos a Cristo en nuestro corazón, es nuestro deber como cristianos, expresar "**el Cristo**" en todas nuestras acciones y con los demás.

Expresar el Cristo es seguir de todo corazón lo que nos dice Pablo:

- No pagar a nadie mal por mal.

- Procurad lo bueno delante de todos los hombres.

- Si es posible, estad en paz con todos los hombres.
- No os venguéis, dejad a Dios actuar.

- Si tu enemigo tiene hambre dale de comer, sed, dale de beber.

- No seas vencido por lo malo, sino vence con el bien, el mal

Pablo le escribe a los romanos y por supuesto, a nosotros, acerca de nuestro deber con Dios, la iglesia y la sociedad.

Pablo enfatiza siempre que somos hijos de Dios:

"Porque todos los que son guiados por el Espíritu de Dios, estos son hijos de Dios". Romanos 8:14

"El Espíritu mismo da testimonio a nuestro espíritu de que somos hijos de Dios". Romano 8:15

En Roma, Pablo estuvo prisionero por dos años. Como era ciudadano romano fue tratado con consideración y se le permitió alquilar una casa y pagar sus gastos. En esta época, a ésta situación de Pablo, lo llamaríamos reclusión domiciliaria. Pablo reunía a los cristianos en su casa, la cual estaba vigilada por un soldado romano.

Durante eso años de reclusión escribió las cartas que se conocen como: *"las cartas de la reclusión"*:

Efesios, Filipenses, Colosenses y Filemón.

♥ 1 Corintios ♥

La carta fue escrita desde Éfeso en el año 55 E C. La iglesia de Corintios estaba constituida por tres grupos diferentes de conversos. Entre ellos había judíos, algunos griegos cultos y muchos griegos que provenían de la clase media baja. Debido a esta diversidad de congregantes, surgieron problemas y divisiones.

La carta es extensa, se discute la unificación de las cuatro divisiones que se habían formado en la iglesia.
- Pablo
- Pedro
- Apolos
- Otros que se apropiaron el nombre de Cristo.

Otros temas de la carta:

- Cómo observar la conducta.
- El matrimonio.
- La vestimenta en la iglesia.
- Los dones espirituales.

- La exaltación del amor.
- La conveniencia de las profecías.
- El predicar y enseñar debe estar por encima de hablar en lenguas.
- **La resurrección**. Capítulo 15

Nuestra conciencia ya está preparada para la profundidad del tema de la resurrección. Según vamos desarrollando nuestra comprensión espiritual, nos vamos revistiendo de las cualidades del Espíritu.

Nuestra alma, en el proceso de espiritualizarse, se viste de incorrupción. *"Pues es necesario que esto corruptible se vista de incorrupción"*.　　　　　　　1 Corintios 15:53

Esto es: cuando nuestra alma se espiritualiza, ésta recibe toda la sustancia divina, pues se está nutriendo del *"maná escondido"*. Ap. 2:17. Este es el cuerpo espiritual y celestial. El alma no espiritualizada es el cuerpo terrenal.

♥ 2 Corintios ♥

Esta carta Pablo la escribe en el año 57 E C, luego de saber que se había resuelto un asunto con un miembro de la iglesia que causaba disgusto. Es por eso que esta carta es de reconciliación.

Un concepto importante de la carta es el **Perdón**. Uno de los rasgos más confiables de una persona semejante al Cristo es su disposición y habilidad para perdonar a los que le ofenden.

Tanto en las enseñanzas de Jesús, como en las de Pablo, el perdón juega un papel muy importante.

Jesús lo considera un requisito previo para la oración: *"Y cuando estéis orando, perdonad, si tenéis algo contra alguno".* Marcos 11-25

Jesús entiende que el perdón del Padre para nosotros depende de nuestro perdón a otros: *"Perdona nuestras ofensas así como nosotros perdonamos a los que nos ofenden".*

La ley es clara, según damos, así recibiremos. Pablo nos dice: *"No dejéis que se ponga el sol sobre vuestro enojo".* Efesios 4-26

En esta carta Pablo nos exhorta a recibir la gracia de Dios con un corazón agradecido y que debemos conducirnos en todo como *"Ministros de Dios".*

Al final pide una contribución para la iglesia de Jerusalén. Muchas iglesias utilizan esta oración en el momento de la ofrenda:

"Cada uno dé como propuso en su corazón, no con tristeza, ni por necesidad, porque Dios ama al dador alegre".
2 Corintios 9:6-7

Luego de escribirle esta carta a los de Corinto, va a visitarlos. Es en Corinto que Pablo le escribe a los Romanos.

♥ Gálatas ♥

Pablo escribió esta carta a las iglesias de Galacia entre los años 50-56 E C. Contrario a lo que ocurrió en Corinto, en esta carta él no hace alusión a escándalos, ni a reglamentos, ni a conflictos de autoridad. En esta iglesia lo que sucedía era que los judíos cristianos estaban enseñando que los reglamentos del judaísmo eran necesarios para los cristianos gentiles.

Los preceptos judíos se estaban mezclando dentro de la iglesia cristiana de Galacia. Los gálatas comenzaron a ir para atrás y volvían a la ley mosaica.

Pablo estaba convencido de que los griegos (paganos) no tenían que convertirse al judaísmo para ser cristianos. Además, el Concilio de Jerusalén ya había resuelto este asunto.

No debemos volver, ni mirar hacia atrás, cuando hemos alcanzado un nivel superior en comprensión espiritual. La conciencia inferior nos invita a mirar hacia atrás, como le pasó a la esposa de Lot. El Camino en conciencia superior nos dirige al bien superior y Pablo, como maestro espiritual, lo sabía. Encerrarse en un sistema de creencias en lo humano, con reglas, ritos y preceptos, nos atrasa en conciencia espiritual.

Los estudiantes de las Verdades Espirituales saben que la salvación es por la fe en Jesucristo y no por las obras de la ley. Jesús nos lo dijo muy claramente:

"Yo Soy el Camino, la Verdad y la Vida y nadie va al Padre sino es través de mi".   Juan 14:6

Es por eso que hemos dirigido nuestra mente y corazón a fluir en esa Totalidad Dios, para alcanzar la conciencia Crística y lograr plenitud de vida en conciencia del Padre, tal como lo expresaba Jesús en todo momento:

"El Padre y Yo uno somos". Juan 10:30

La carta se escribe entre los años 50-56 E C y el Concilio de Jerusalén se había celebrado en el año 50 E C.

El Concilio se llevó a cabo debido a que los judíos creyentes en Jesucristo, al llegar a esta comunidad de Galacia y ver que los miembros convertidos al cristianismo no se habían circuncidado, ni cumplían con los preceptos de las leyes judías, comenzaron a predicar que para ser cristiano había que cumplir con todos los preceptos del Antiguo Testamento.

Ser cristiano no es practicar una religión, sino vivir de acuerdo a la Verdad.

Pablo triunfa en su postura ante el concilio, sobre no imponer rituales judíos a los conversos gentiles y la asamblea lo aprueba. Se decide no imponer más cargas que las necesarias y Pablo, en sus enseñanzas, implícitamente les enseña a los gentiles algunos preceptos y mandamientos que deben guardar. Entre estos se encuentran: no adorar dioses falsos, no blasfemar, no matar, no robar, no adulterar, promover el juicio y la justicia y no comer carne animal con sangre o vida. Entre los que participaron en este Concilio estaban Pablo, Bernabé, los apóstoles, Gamaliel y los ancianos de la comunidad de Jerusalén.

Gamaliel fue el maestro del Judaísmo de Pablo y Ananías, su maestro del cristianismo.

La vida espiritual es un reto para amarnos y servirnos unos a otros. Así es que deben terminar las rencillas entre los miembros de la iglesia. Pablo reconoce que en todos nosotros hay un conflicto interior entre lo humano y lo espiritual. Nos exhorta a no permitir que lo humano predomine.

Debemos mantener un balance entre lo humano y lo sagrado en nosotros. Somos seres espirituales, viviendo una experiencia humana.

Contra los frutos del espíritu no hay ley:

FRUTOS DEL ESPIRITU   Gálatas 5: 22-23

Amor, Benignidad, Bondad, Fe, Gozo, Mansedumbre, Paciencia, Paz y Templanza

*Nosotros tenemos las dos herramientas para apropiarnos y lograr la realización de los frutos del espíritu en nuestra alma, nuestro corazón y nuestra conciencia: **La meditación y la oración.***

♥ Efesios ♥

Esta carta no contiene el saludo acostumbrado de las otras y presenta una enseñanza más generalizada. Tampoco se refiere a las condiciones locales de las iglesias. Se escribió entre los años 58-60 E C.

Pablo expone la función "cósmica" de Cristo, su dominio sobre las potestades angélicas, su soberanía sobre todo el universo y lugares celestiales.   Efesios 1:20-21

En esta carta se nos enseña el concepto de la salvación por *"GRACIA"*.
"Porque por gracia sois salvos por medio de la fe y esto, no de vosotros, pues es un don de Dios".   Efesios 2:8

Conocer este concepto nos adelanta en nuestro camino en conciencia espiritual.

La gracia es el regalo de Dios, nos es dada por amor, no tenemos que ganarla, ni pedirla.

"La gracia y la verdad vinieron por medio de Jesucristo".
                                                    Juan 1:1
"Por gracias sois salvos".   Efesios 2:4-5

Nos es dada gratuitamente a todos por Dios. La gracia es inagotable. La recibimos todos por igual, porque somos expresiones de Dios. No es solamente para los "buenos".

Es una bendición adicional que renueva nuestra fe y confirma la verdad de la bondad de Dios en nuestras vidas. La gracia es la ayuda de Dios en el proceso de la regeneración.

La gracia es el amor de Dios en acción. Trabaja para nosotros continuamente. Trabaja más allá de la ley y en adición a la ley. La gracia no podemos detenerla y no la podemos poner a funcionar. Simplemente es algo que es. La gracia es una explicación de por qué las cosas jamás son totalmente irremediables, de por qué no hay condición alguna que en realidad, sea incurable.

Pablo nos dice que si estamos en Cristo, no hay diferencias entre nosotros. El amor de Cristo es nuestra salvación.

"La iglesia está fundada en Él".   Mateo 16:18

"Sobre esta roca edificaré mi iglesia".

"Conforme a las riquezas de su gloria, seamos fortalecidos con el poder por su espíritu, para que habite Cristo por la fe en nuestros corazones"   Efesios 3:16

"Despierta tú que duermes y te alumbrará Cristo". Efesios 5:14

"No necesitamos caminar en la obscuridad por más tiempo, porque somos hijos de luz".   Efesios 5:8

Para Dios no hay acepción de personas. (Efesios 6:9). Para Jesús tampoco, según nos lo enseña en la parábola de los obreros en la viña:
"Es mi voluntad darle lo mismo a este último que a ti".
Mateo 20:1-16

Pablo nos urge a vestirnos con *"la armadura de Dios"*. **La armadura de Dios nos protege contra todo pensamiento contrario a la Verdad.**

♥ Filipenses ♥

Filipos fue la primera ciudad europea que Pablo visitó. Allí fue encarcelado y se fugó junto Silas.   Hechos 16:25-34

La carta se escribió alrededor del año 61 E C. Se conoce como **"la carta amorosa"** por ser la más personal de todas las cartas. Se la dirigió a los miembros de la iglesia, a los obispos y a los diáconos. En esta carta expresa un profundo cariño por la iglesia haber sido muy atenta con él.
      "Dios es el que en nosotros produce así el querer como el hacer".   Filipenses 2:13

Debemos estar bien conscientes como estudiantes de la Verdad, de que **los deseos de nosotros son los deseos de Dios, a través de nosotros.** Es por eso que es importante estar alerta a los pensamientos que escogemos. Solamente somos nosotros los que escogemos, aceptamos o rechazamos las ideas, los pensamientos y las acciones. Nos corresponde a nosotros fluir en conciencia Dios y así se manifestarán los deseos de Dios a través de nosotros.

      "He aprendido a contentarme cualquiera que sea mi situación".   Filipenses 3:20

      "Todo lo puedo en Cristo que me fortalece".   Fil. 4:13

      "Más cerca está Dios que la respiración y más cerca que las manos y los pies".   La sabiduría espiritual nos revela que la Presencia Dios está en todas partes y en cada uno de nosotros.

♥ Colosenses ♥

A varias millas de Éfeso quedaba la ciudad de Colosas en Asia Menor.

Esta es una de las cartas de la cautividad. Pablo la escribe estando preso junto a Aristarco, aproximadamente en el año 60-61 E.C.

En esta carta Pablo nos revela **el misterio que había estado oculto desde los siglos y edades.**
"El misterio que había estado oculto desde los siglos y edades, pero que ahora ha sido manifestado a los santos, que es.......".
Colosenses 1:12

*"**Cristo en nosotros, la esperanza de gloria**"*.
Colosenses 1:27

Pablo nos enseñó esta Verdad a todos nosotros, para así presentarnos perfectos en Cristo Jesús.　　　Colosenses 1:28

Jesús representa la idea perfecta de Dios. La idea del hombre verdadero, el hombre divino.

Cristo es la idea perfecta de Dios, del hombre perfecto. Esa idea perfecta en la Mente Dios, existió mucho antes que Jesús. Jesús fue quien manifestó esa idea perfecta, ese principio encarnado del Dios hombre, al comportarse a la altura de la medida divina. Cristo es la Palabra, el Verbo, la idea perfecta de Dios, Jesús, el Cristo manifestado.

Cristo mora en cada persona como su perfección. Es nuestra semilla divina.

162

La palabra **Cristo** viene del griego Christos, que quiere decir *"ungido"*. A Jesús se le llamó así debido a que se consideró ungido de Dios. Su fuente provenía de Dios. Él estaba consciente de ese fluir espiritual de la Fuente Dios. Ungido es una persona consagrada. Es aquel que está consciente del verdadero fluir espiritual de la Fuente en todo su ser. Nosotros también somos ungidos de Dios, porque nuestra fuente es Dios.

Cristo no es una persona. No es Jesús. Cristo es un grado de estatura que Jesús logró. Además, es un grado de estatura potencial que mora en todo ser humano. Pablo nos dice: "Cristo en vosotros, esperanza de gloria".

Cristo en nosotros es la verdadera luz, la cual nos guía a todos. Jesús nos lo recordó al final de las bienaventuranzas. *"Dejad que vuestra luz brille delante de los hombres"*. En otras palabras, manifestar el Cristo en todas nuestras acciones,. expresar la misma conciencia Crística que expresó Jesús.

Es por eso que en gálatas 4:16 se nos exhorta a que **dejemos que Cristo sea formado** en nosotros. Al reconocer que el Cristo mora en nosotros, meditamos y nos apropiamos de palabras de Verdad, establecemos nuestra conexión con la Mente Crística.

Cada uno de nosotros tiene la idea Crística, como la tuvo Jesús.
Nuestra meta es morar en Cristo, vivir en la perfección de la Mente Dios, mantener nuestro pensamiento en Dios, al igual que Jesús. *"El Padre y Yo uno somos"*.

Pablo en esta carta en el año 60 E.C nos revela el misterio escondido por siglos y edades. Juan treinta años después, en el año 90 E.C. en su libro relata la conversación que sostuvo Jesús con la samaritana:

"Sé que ha de venir el Mesías llamado **el Cristo**" le dice la samaritana a Jesús y Jesús le dice: *"Yo soy el que habla contigo"*.

Juan 4:26

Esta conversación corrobora una vez más que la idea del **"Cristo"** era bien conocida por generaciones, pero que nos fue revelada por Pablo: **"Cristo en vosotros, esperanza de Gloria".**

Colosenses 1:25-27

Esta idea se nos tiene que revelar y venir a nosotros. La samaritana sabía que iba a venir el Mesías, pues **el profeta Isaías lo había profetizado**:
"Porque un niño nos es nacido y se llamará Admirable, Consejero, Dios Fuerte, Padre Eterno, Príncipe de Paz".

Isaías 9:6

La primera venida es Jesús el Cristo y la segunda venida es cuando el Cristo se nos revela en nuestro corazón.

La idea Crística interna sembrada en nosotros por siglos y generaciones, la manifestamos y expresamos en lo externo. El patrón o molde en nosotros es perfecto, es Crístico y se encuentra detrás de toda expresión. **Es la idea perfecta de Dios en cada uno de nosotros.**

La expresión se tiene que conectar con el molde interno para que la energía pura, perfecta, Dios, se manifieste en lo externo como un estado perfecto de Salud, un estado perfecto de

Abundancia, un estado perfecto de Vida, un estado perfecto de Amor, Sabiduría y de todas las ideas divinas que existen en el estado de conciencia Crística.

El Yo Soy que habla contigo es el Cristo.

1 y 2 Tesalonicenses se escribieron entre el 50-51 E C, después de la era cristiana. Colosenses se escribió 60-62 E C, después de la era cristiana. En la Biblia estás cartas no aparecen en el orden de la fecha en que se escribieron.

Es importante señalar que los cuatro evangelios fueron escritos después de la muerte de Pablo, con la posible excepción de Marcos. Ver las fechas.

Pablo fue el mejor intérprete de las enseñanzas de Jesús y esto lo lleva a ser el principal predicador cristiano de todas las épocas. **El camino de nosotros no se completaría si Pablo no nos hubiese revelado el misterio que por siglos estaba guardado.** El Cristo en nosotros nos ha revelado la verdad a nuestra conciencia.

Pablo le da un significado espiritual y no físico a la circuncisión. *La circuncisión es la del corazón, en espíritu*, no hecha a mano, sino en "Cristo".   Colosenses 2:11

Al reconocer el Cristo en nosotros, rompemos y cortamos toda atadura. Aprendemos a dejar morir la manera antigua en nosotros y nos hacemos receptivos a la manera nueva, de vida divina.   Colosenses 3:5,8

♥ 1Tesalonicenses ♥

Fue escrita aproximadamente en el año 50 E C. Pablo, en esta carta, tenía el propósito de explicarles a los gentiles el concepto de la segunda venida de Cristo. Los gentiles estaban confundidos tratando de explicarse cual sería el estado de aquellos que habían muerto antes de escuchar el mensaje de Cristo y qué les sucedería a aquellos que estarían vivos cuando Cristo viniera.

La explicación de Pablo desanimó a algunos de los seguidores y otros abandonaron sus ocupaciones. Ellos pensaban que Jesucristo vendría físicamente en un futuro cercano, debido a que Pablo en la primera carta a los Tesalonicenses no fue muy claro.

La idea del Cristo no era nueva para Pablo. El necesitó explicar claramente la idea del Cristo Morador en nosotros, debido a que los gentiles esperaban a un hombre físico. Esperar la resurrección física de Jesús, confundió y confunde a muchos cristianos.

\

♥ 2 Tesalonicenses ♥

Esta carta se completó en el año 51 E C. Pablo en su segunda carta escribió que la segunda venida no había que esperarla inmediatamente y la confusión fue mayor, ya que esa venida en lo físico, tan esperada, no ocurrió, ni ha ocurrido y no va a ocurrir.

Les recuerda además que solamente necesitan sostenerse firmes en la fe y persistir en sus buenas obras. Debían seguir cada uno con sus responsabilidades y no podían esquivarlas. *"Si alguno no quiere trabajar, tampoco coma"*.

2 Tesalonicenses 3:10

Pablo vuelve a revisarse en un estado de comprensión espiritual sublime, revela en sus escritos el concepto del Cristo en su mayor esplendor: **el Cristo Morador, Su cuerpo resucitado en cada uno de nosotros.**

En la carta a los colosenses 1:26-27, llama a este concepto: *"el misterio escondido por siglos y generaciones, pero que ahora se ha manifestado a sus santos"*.

"Cristo en nosotros, la esperanza de gloria".

Colosenses 1:26-27

de Adán a Jesús, nos lleva por el camino de la conciencia ignorante de los sentidos, a la conciencia Crística iluminada. Esa evolución en conciencia, de la humanidad, que seguimos a través de toda la Biblia, es la misma que tiene lugar en nosotros durante este trayecto.

La conciencia espiritualizada es la conciencia Crística.

167

Debemos centrar nuestra atención en **Su cuerpo resucitado en nosotros** y dejar de esperar que Jesús venga en forma física.

Primera y Segunda venida significan:

Primera venida fue en la forma física y la segunda, es el ***reconocimiento*** *del Cristo Morador en cada uno de nosotros. No importa nuestra condición en lo humano, todos tenemos el Cristo en nosotros. Está de nuestra parte expresarlo o no. El Cristo en nosotros es lo divino de Dios en nosotros y en todos los demás.*

Pablo nos sigue hablando en sus cartas del amor fraternal y la moralidad. Nos dice que son fundamentales para seguir las enseñanzas de Jesucristo.

No podemos alcanzar la meta de una conciencia Crística simplemente reconociendo el Cristo Morador. Debemos aceptar la Verdad de que la voluntad de Dios para nosotros es el Bien Absoluto y expresar el Bien en todos nuestro asuntos y con los demás.

Jesús nos dijo: *"Sed, pues, vosotros perfectos, así como vuestro Padre que está en los cielos es perfecto"*.   Mateo 5:48

No permitiendo que pensamientos y sentimientos incorrectos permanezcan en nuestra conciencia, seremos los *"puros de corazón"* que hemos de ver a Dios. No podemos amar a Dios sin amar Su imagen en nuestro semejante.

1 Juan 4:20

La moralidad y el amor fraternal son las áreas en las cuales todos los cristianos somos más propensos a fallar.

Pablo reiteraba en sus cartas que solamente si nuestro ojo es sencillo para Dios y nuestra vida refleja las cualidades de Dios, nuestro cuerpo se llenará de luz.

Algunas cualidades de Dios son:

- Amor, orden, paz, vida
- Sabiduría, armonía, energía
- Todo poder, inteligencia
- Bien Absoluto
- Bondad
- Justicia

♥ 1Timoteo ♥

Esta carta fue escrita alrededor del año 61   E C. Timoteo era el discípulo protegido de Pablo y estaba a la cabeza de la iglesia de Éfeso. En esta carta le advierte a Timoteo que hay ciertos miembros en la iglesia que insisten en enseñar, pero que no están suficientemente preparados y están discutiendo mensajes contrarios al de Cristo.

Le advierte que el evangelio es universal y la iglesia debe orar por todos.

La carta habla sobre el servicio de la mujer (esposa, madre) y de los requisitos para los líderes de la iglesia. Nos dice además que nuestro deber sagrado es servir a la iglesia como ministro de Jesucristo.

♥ 2Timoteo ♥

Esta carta fue escrita entre los años 66-67 E C. En esta carta Pablo llama a Timoteo su *"amado hijo"*. Es una carta preciosa donde lo invita a continuar la obra de Pablo, como predicador.

♥ Tito ♥

Fue escrita alrededor del año 66 E C. Tito era discípulo de Pablo que se había quedado en Creta para dirigir la iglesia en esa isla.

♥ Filemón ♥

Fue escrita aproximadamente en el año 60 E C. Filemón tenía una iglesia en su casa y era dueño de un esclavo. Se había convertido al cristianismo, a través de una predicación de Pablo.

Onésimo, su esclavo, le robó y huyó a Roma. Contactó en Roma a Pablo, quién intervino suavizando su regreso con Filemón, su amo. Onésimo aceptó el Cristo en su corazón y Filemón lo aceptó como un hermano en Cristo.
"Si en algo te dañó o te debe, ponlo a mi cuenta".   Filemón 18

Las cartas de Pablo no son textos de teología, sino pastoral y responden a situaciones especiales. Pablo escribe como un pastor fundador, preocupado por los nuevos convertidos al cristianismo, que necesitan ánimo.

Verdades profundas y reflexiones:

- La divinidad innata del hombre. *"Cristo es todo en todos"*.   Colosenses 3:11
- Nosotros somos parte de la totalidad, somos parte de Dios.
- Jesús nos dijo: *"Vosotros sois la luz del mundo, dejad que vuestra luz alumbre delante de los hombres"*.
- Pablo nos dijo: *"Sois templo de Dios y el espíritu de Dios mora en vosotros"*. Cristo en vosotros esperanza de gloria.
- Pablo nos invita a liberarnos del enredo con nuestro ser inferior, expresando lo que somos, seres espirituales. Nuestra naturaleza es espiritual. Dentro de nosotros está la semilla de la divinidad. Somos uno en y con Dios.
- La mentalidad humana, a la cual Pablo llama la carne, la mente carnal, la conciencia adánica, nos ha gobernado por siglos. Ese estado de pensamiento esclavizado se ha perpetuado en nosotros debido a la conciencia colectiva, también llamada conciencia de la raza. Por el contrario, debemos expresar lo que en realidad somos, hijos perfectos de Dios y aceptar que el Cristo que mora en nosotros, es nuestro verdadero ser.

171

de Adán a Jesús

- Cuando vivimos en conciencia espiritual, todo es vida y paz. De ahí la promesa que Jesús nos hace en la bienaventuranza:
  "Bienaventurados los pacificadores, porque ellos serán llamados hijos de Dios".
  Mateo 5:9
- En el estado de conciencia adánica no se perciben las cosas que son del Espíritu de Dios.
  "En Cristo todos seremos vivificados".
  1 Co. 15:21-22
- Las cosas espirituales se comprenden cuando hemos caminado hacia el logro en conciencia Crística.
- En conciencia Crística podemos comprender las grandes verdades de Dios y nuestra relación con Él. Recordemos a Job en 32:8 cuando nos dice:
  "Ciertamente espíritu hay en el hombre y el soplo del omnipotente hace que entienda".

  "El Espíritu Santo nos lo recordará y nos lo revelará todo". Juan 14:26

  "Su espíritu es en nosotros y somos capaces de discernir las cosa que pertenecen al reino espiritual". 1 Corintios 2:16
- La fe es fundamental para el desenvolvimiento espiritual, al cual aspiramos todos los que hemos emprendido este camino. A través de la fe recibimos el bien ilimitadamente.
  "Por gracia somos salvos, por medio de la fe".
  Efesios 2:8-9

172

- Pablo nos advierte que debemos cuidarnos de las creencias y opiniones de los que no han despertado espiritualmente:
"No os unáis en yugo desigual con los incrédulos".   2 Corintios 6:14
- Nuestro propósito es avivar la conciencia Crística, haciendo como Jesús, que alzaba su mirada al cielo, mantenía su visión elevada.
"Mirad a mí y sed salvos".   Isaías 45:22
"Poned la mirada en las cosas de arriba".
          Colosenses 3:2-3
- En nuestro desarrollo en comprensión espiritual debemos capacitarnos para tener control de nuestros pensamientos y emociones. Pablo se refería a este concepto como disciplina. Pablo sabía el poder que tienen nuestros pensamientos y nos exhortó a ser líderes de ellos cuando nos dijo en que debemos pensar:
"Por lo demás hermanos, todo lo que es verdadero, todo lo honesto, todo lo justo, todo lo amable, todo lo digno de buen nombre, si hay virtud alguna, si algo digno de alabanza, en esto pensad".   Filipenses 4:8

- El hombre es un ser espiritual dotado de espíritu, alma y cuerpo.
"Se siembra un cuerpo natural y resucita un cuerpo espiritual"   1 Co. 15:44
Pablo, de una manera muy espiritual nos va contestando las preguntas que nos hacemos todos los días para alcanzar una vida abundante y plena.

de Adán a Jesús

174

Las ocho cartas generales:

Estas cartas se llaman así porque no tienen un destinatario específico.

♥ Hebreos ♥

No se sabe quién es el autor de esta carta. Es una obra profunda e interesante. No está dirigida a los hebreos, ni la escribió Pablo.

Fue escrita entre los años 70 y 90 E C. Se cree que fue un oyente de Pablo el que la escribió.

Menciona el tema de la paz y la santidad. Vivir en comunión con Dios. Practicar la oración y la meditación.

En esta carta es donde encontramos la definición conocida de la Fe: *"La fe es la certeza de lo que se espera, la convicción de lo que no se ve"*.   Hebreos 11:1

♥ Santiago ♥

Se cree que esta carta fue escrita por el apóstol Santiago, el hijo del Alfeo (Orden). Se escribió cerca del año 62 E C.

Santiago, el hijo del Zebedeo, (Sabiduría) había sido ejecutado como mártir en el año 44 E C.

"Toda buena dádiva y todo don perfecto desciende de lo alto, del Padre de las luces, en el cual no hay mudanza, ni sombra de variación".   Hebreos 1:1

♥ 1Pedro ♥

Esta carta la escribió Pedro y la completó para el año 62-64 E.C. Se escribió desde Roma. Algunos investigadores afirman que la escribió desde Babilonia, porque en la carta no deja saber que estuvo en Roma.

El contenido de esta carta: El nuevo nacimiento a una nueva esperanza viva mediante Cristo.   1 Pedro 1:1-25

Nuestra relación con Jesucristo y el nuevo nacimiento: *"Bendito sea el Dios y Padre de nuestro Señor Jesucristo, quien según su grande misericordia nos ha hecho nacer de nuevo"*. **Esta es la mayor experiencia que podemos tener en nuestra vida.**

♥ 2Pedro ♥

Esta carta fue escrita por Pedro en el año 67 E C.

Pedro nos invita a añadir a nuestra fe, virtud; a la virtud, conocimiento; al conocimiento, dominio propio; al dominio propio, paciencia; a la paciencia, piedad; a la piedad, afecto fraternal y al afecto fraternal, amor. Nos dice que el que no tiene estas cosas tiene la vista muy corta, es ciego **(ceguera espiritual)**.

Virtud es excelencia moral. **Paciencia** es actitud de la mente caracterizada por aplomo. **Calma interior**, soportar calladamente, especialmente ante condiciones que nos retan. La paciencia tiene su base en la fe.   2 Pedro 1:5

"La prueba de nuestra fe produce paciencia".   Santiago 1:3

176

"Debemos estar atentos a la palabra como a una antorcha que alumbra en un lugar oscuro hasta que el día esclarezca y el lucero **(Cristo)** *de la mañana salga en nuestros corazones".*

2 Pedro 1:19

♥ 1 Juan ♥

La carta 1 de Juan la completó en Éfeso para el año 98 E.C. y en ella nos ofrece una definición universal de Dios:

"Dios es luz".   1Juan 1:5-7

Juan es el representante de la facultad del amor. Nos dice que el que no ama no ha conocido a Dios, porque *"Dios es amor".*   1 Juan 2:8

Nos dice que el que niega que Jesús sea el Cristo, es el anticristo. *"Todo aquel que reconoce que Jesucristo vino como hombre verdadero, tiene el espíritu de Dios. El que no reconoce así a Jesús, no tiene el Espíritu de Dios, al contrario tiene el espíritu del anticristo".*   Juan 2:22

♥ 2 Juan ♥

Las cartas 2 y 3 de Juan se escribieron alrededor del año 100 E. C.

El mensaje en la carta 2 Juan está dirigido a la iglesia y sus feligreses. En ella recalca las enseñanzas de Jesucristo y es el libro más corto en la Biblia.

♥ 3 Juan ♥

En esta carta el mensaje es dirigido a su amigo Gayo. *En ella refleja su alegría y gozo al oír que sus hijos andan en la Verdad. "No tengo yo mayor gozo que este, oír que mis hijos andan en la Verdad".*

3 Juan 1:4

El contenido de la carta es **ser fiel a la Verdad y vivir de acuerdo a ella.** Además, **imitar lo bueno: quien hace el bien es de Dios.** En estas oraciones se encuentran dos principios importantes: **Dios es el Bien Absoluto** y **una vez que conoces la verdad, hay que vivir de acuerdo a ella.**

Esta carta contiene una cita bíblica de prosperidad. *"Amado, deseo que seas prosperado en todas las cosas y que tengas salud, así como prospera tu alma".*

3 Juan 1:2

♥ Judas ♥

La carta de Judas fue escrita aproximadamente en los años 68 E C. No se sabe verdaderamente quién es el autor. La carta no da ninguna información acerca de él. Se ha especulado que fue el apóstol Judas Tadeo y el otro posible autor, Judas, hermano de Santiago y medio hermano de Jesús.

Esta carta es la más que contiene expresiones triples y la que más alude al Antiguo Testamento, en tan pocos versículos. Contiene dos referencias de acontecimientos del Antiguo Testamento que no son mencionados en los libros del A.T. pero sí en los libros apócrifos: Estas son: la discusión entre el arcángel Miguel y Satanás por el cuerpo de Moisés y la predicación de Enoc sobre la segunda venida.

En conciencia Crística, reconociendo el Cristo Morador en cada uno de nosotros, seguimos las palabras de Jesús: *"Yo soy el camino", "Sígueme", "Ven a Mí", "Obedéceme".*

Seguimos la ruta hacia el final de la enseñanza, **apocalipsis.**

Libro de Apocalipsis

Fin de la enseñanza
El libro fue escrito por el apóstol Juan, hijo del Zebedeo, alrededor del año 90 E C.

Juan, su autor, fue el apóstol que más vivió y en su trayectoria evangelizadora vio morir a todos sus compañeros apóstoles. De los cinco libros que escribió, éste fue el último y le llamamos, el fin de la enseñanza. Se conoce también como libro de la *"Revelación"*, ya que fue la revelación de la palabra, por el ángel, a Juan.

Trata totalmente de estados de conciencia y no significa lo que dice literalmente. Es por eso que muchas personas dicen no entenderlo. Esto sucede por la forma como fuimos programados a pensar. Se nos programó a pensar y entender lo que leemos literalmente, pero las cosas espirituales se disciernen espiritualmente. Considero que todos los que me han acompañado en este recorrido, **"el camino espiritual a la transformación de nuestro corazón"**, van a comprender la enseñanza con mucha claridad.

Para seguir sin tropiezos es necesario saber y tener claro que Juan, Jesús y los discípulos tenían dominio de las enseñanzas de los profetas del Antiguo Testamento. Por lo tanto, a Juan se le hacía familiar expresarse en los mismos términos que usaban Isaías y Ezequiel, al describir sus visiones, como veremos más adelante.

Juan utiliza un lenguaje figurativo para describir su visión en esta enseñanza. *Por figurativo entendemos que se valía de figuras reales para describir estados sublimes.*

Es por esto que Juan describió y relató la visión utilizando el lenguaje que le resultaba familiar, ya que conocía las visiones descritas por los profetas en el Antiguo Testamento.

Vamos a ir a Isaías 6:1-5 y a Ezequiel 1:22-28 y veremos cómo ellos describían el trono de Dios. Si buscamos más descripciones figurativas podemos ir a Éxodo 26:33 y veremos cuando se nos habla de la Presencia Dios entre querubines.

Isaías describió serafines con alas en su visión cuando oyó la voz de Dios.

Ezequiel también se valía de figuras con alas y manos de hombre. Describía que cuando andaban, el sonido de sus alas le parecía como la voz del omnipotente y en su visión vio la figura de un trono que parecía de piedra de zafiro y sobre el trono había una figura que le parecía de hombre, sentado sobre él.

Miguel Ángel, el pintor y escultor italiano, en el 1508-1512 E C., describió su visión de Dios al pintarlo como figura de hombre con barba blanca, en el techo de la Capilla Sixtina en Roma. Esta figura de su visión infundía temor en lugar de amor.

Al repasar estos versículos de profetas del Antiguo Testamento y el lenguaje utilizado, nuestra mente se expande y se hace receptiva a entender la manera de Juan expresarse, a través de toda la enseñanza del libro de apocalipsis.

El cristianismo, en esa época, era considerado un delito criminal por el gobierno romano. A Roma, los cristianos le llamaban *"la bestia"*, pero los romanos no lo sabían. Por lo tanto, Juan se valió de ese término en su mensaje, para referirse a Roma.

Juan fue llevado prisionero a la isla de Patmos, por predicar la palabra. Ap.1:19 nos dice: *"por causa de la palabra y dar testimonio de Jesucristo"*.

La isla de Patmos se encuentra en el mar Egeo (mediterráneo) y es una isla pequeña cuyas dimensiones son seis por diez millas. Es rocosa y volcánica. Juan estuvo confinado en la isla por aproximadamente año y medio.

El se vale de un mensajero para enviarle un mensaje a los cristianos que se encontraban en siete ciudades. El mensaje le fue revelado por un ángel, en la isla donde se encontraba preso. *Consiguió la forma de escribirlo y lo redactó no literal, para que los romanos no lo entendiesen, si apresaban al mensajero.*

Ese mensaje iba dirigido a siete iglesias (seguidores cristianos) que se encontraban en esas siete ciudades. Solamente ellos conocían su significado.

Las siete iglesias eran: **Éfeso, Esmirna, Pérgamo, Tiatira, Sardis, Filadelfia y Laodicea.**

Las primeras palabras que Juan menciona en su mensaje fueron estrellas y candelabros.

- Las 7 estrellas significaban los siete ángeles de las siete iglesias a quienes iban dirigido el mensaje. Los ángeles son mensajeros.

- Los 7 candelabros son las siete iglesias.

Cada uno de los mensajes tiene una enseñanza y nos hacen una exhortación. Son mensajes de transformación en conciencia.

Ejemplo:

- Ap.1:19 *"Escribe las cosas que has visto, las que son y las que han de ser después de éstas".*

El mensaje va en el orden que seguiría el mensajero, desde la primera ciudad hasta llegar a la séptima.

Apocalipsis es la historia del nacimiento del que comienza en conciencia espiritual y de las alturas a que esta conciencia lo lleva.

Hay dos estados de conciencia:

- Conciencia superior (el Cristo). Es innata, porque somos hijos de Dios. Al reconocer el Cristo en nosotros, activamos la conciencia superior o conciencia Crística.

- Conciencia inferior (mortal). La conciencia inferior en nosotros se desarrolla por nuestra ignorancia de Dios, por desconocer las Verdades Espirituales y por desconocer nuestras facultades espirituales. Pensamos, sentimos y actuamos en forma negativa.

Cuando nos volvemos a nuestro Cristo morador, que es la meta suprema de nuestra alma, estamos en estado de conciencia superior.

Carta iglesia Éfeso:

Juan le llama a las iglesias, candelabros, y de esa manera los romanos no podían saber a qué él se refería.

- Ap. 2:1 *Nos dice que Cristo camina en medio de los candelabros.*

Los candelabros son las iglesias y las iglesias somos nosotros: *"Cristo está en nosotros y con nosotros". "En Cristo Jesús vivimos, nos movemos y tenemos nuestro ser".*

- En Ap.2:2 *"Yo conozco tus obras".*

Con estas palabras Juan invitaba a los primeros cristianos y nos invita a nosotros, a reflexionar: *"Dios conoce nuestros corazones".* Aquí Juan nos trae el concepto de la omnisciencia, de la naturaleza de Dios que es el bien Absoluto, omnipresente, omnisciente y omnipotente.

- En Ap. 2:4 *Juan les recuerda que han dejado su primer amor.*

Es un recordatorio para que no nos apartemos en conciencia, en pensamiento, pues Dios nunca se aparta. Siempre está en todo y con todos. Dios es todo.

- En Ap. 2:6 Nos habla de los nicolaístas.

En aquellas ciudades se practicaban diferentes corrientes religiosas. Los nicolaístas llevaban a cabo prácticas paganas. Juan les dice a los cristianos de la iglesia de Éfeso que no sigan ese tipo de conducta.

- Ap.2:7 Aquí Juan nos invita a ser receptivos a la Verdad. Nos exhorta: *"El que tenga oído, oiga"*.

- Nos dijo que *"si practicamos la Verdad se nos dará a comer del árbol de la vida"*.

Ap.2:7 y Ap.22:2

Como maestro espiritual Juan insiste en que practiquemos la Verdad y obremos con rectitud. Al así hacerlo se cumple la promesa. Nos dice que ve otra vez al hombre comiendo del árbol de la vida, cuyas hojas son para la *"curación de las naciones"*.

El árbol de la vida significa:
Participar del Cristo morador, renovador y restaurador. Es la idea innata de vida inmortal. El fruto de ese árbol es la conciencia de vida eterna. Es nuestro viaje y camino espiritual en conciencia.

Esta carta a la iglesia de Éfeso es una profecía de la victoria del hombre espiritual.

Carta iglesia Esmirna:

Actualmente esta ciudad se conoce como Izmir. Está localizada a cuarenta millas al norte de Éfeso y es una ciudad muy bonita. La gente de esa cuidad valoraba mucho el conocimiento, la medicina y la ciencia. Se destacaba mucho en las enseñanzas.

En esta carta el mensaje está dirigido a identificar el Cristo.

- Ap.2:8 *"El primero y el postrero"*.

Juan les dice que no tienen que preocuparse, porque el primero y el postrero conoce las obras de los miembros de esa iglesia. A pesar de esto, van a ser probados por 10 días, que es el tiempo necesario para disolver pensamientos erróneos.

Dios es siempre fiel y a los fieles se nos da **la corona de vida** y no sufriremos daño en la segunda muerte. *La corona de vida es el premio para los que vencen la mente carnal, que son* **los que viven en conciencia espiritual.**

Muchos de nosotros no hemos tenido la oportunidad de conocer el concepto de la primera muerte y la segunda muerte. Al nivel que hemos llegado, se nos hace más clara, la explicación de Juan.

La **primera muerte** *es la muerte espiritual.* Es el no reconocer el **"Cristo"** en nosotros. Es no reconocer y no aceptar nuestra divinidad. No poner a Dios primero en todos nuestros asuntos. Esta es nuestra primera muerte.

La segunda muerte es la física. La promesa en la muerte física es que no sufriremos daño alguno si somos fieles al *"Cristo en nosotros"*.

Los miembros de la iglesia de Esmirna no fallaron en su fe a pesar de los maltratos que recibieron de los romanos.

La gente no cristiana de Esmirna eran muy pro romano, al extremo que levantaron un templo al emperador Tiberiano.

Como los miembros de la iglesia de Esmirna fueron fieles en medio de adversidades y retos, se les dio y se nos da a nosotros, la promesa: *"la corona de vida"*.

La corona de vida eterna es el premio para todos nosotros cuando vencemos la mente carnal viviendo en conciencia espiritual, expresando el Cristo Morador en todas nuestras acciones, sabiendo conscientemente que somos uno en y con Dios.

Al bendecir a nuestros amigos y semejantes les decimos mentalmente y de todo corazón: *"El Cristo en mi bendice y reconoce el Cristo en ti"*.

Una afirmación poderosa para todos los que estamos en conciencia espiritual es: *"Todo lo puedo en Cristo que me fortalece"*.

Somos fieles si mantenemos nuestros pensamientos y nuestro corazón centrados en unidad del Padre. Jesús lo repitió muchas veces: *"El Padre y yo uno somos"*.

Carta a la iglesia de Pérgamo:

La ciudad de Pérgamo se encuentra a 65 millas al norte de Esmirna. Fue la capital administrativa de Asia y el centro legal del distrito. En la cuidad habían teatros, gimnasios, edificios de gobierno y una biblioteca muy completa. Esta tenía más de 200,000 volúmenes de libros. En aquella época solamente la superaba la de Alejandría, en Egipto.

La historia cuenta que un comerciante de origen egipcio que le suplía los papiros a la biblioteca de Pérgamo, al percatarse de lo competitiva que iba a ser con relación a la de Alejandría, le suspendió los embarques. Esto incentivó el desarrollo del pergamino, en Pérgamo.

187

de Adán a Jesús

- Ap.2:12 *Jesucristo es la espada de dos filos.*

La espada de dos filos significa que Jesucristo en todas las promesas, añade una condición. La palabra que nos habla y que penetra hasta lo más profundo de nuestro corazón, está condicionada. Un ejemplo: *"El que me ama, mi Palabra guardará, y mi Padre le amará y vendremos a Él y haremos morada con Él.* Juan 14:23

- Ap. 2:13 *nos habla del reconocimiento de la fe.*

Se menciona a Antipas, que fue un cristiano que quemaron en público, pero no renunció a su fe.

La ciudad de Pérgamo era un centro de adoración pagana en Asia Menor y tenía templos a Dionisio, a Palas Atenea, a Demetrio y un altar a Zeus. Adoraban varios dioses.

- Juan, en Ap.2:*14 les habla sobre la doctrina de Baalam que enseñaba a Baalac a poner tropiezo sobre los hijos de Israel.* Esta historia se encuentra en el libro de Números. Cap.22-24

El relato dice que Baalac, rey de Moab, tenía miedo de los israelitas cuando estos se instalaron en la tierra prometida. Contrató a Baalam el adivino, para que maldijera a Israel, pero éste lo bendijo. La Presencia de Dios bendice siempre.

- En Ap.2:16 se nos da la promesa de lo que se logra al cambiar la manera de pensar.

El Centro de todo es la Inteligencia Universal, Dios.
Dios es TODO. Dios **es el centro** de nuestras vidas.

Pablo nos dice que Dios es sobre todos, en todos y por todos.
Efesios 4:6

El destello de relámpagos y truenos que describe Juan que salía del trono, es su manera muy personal de expresar la experiencia Dios.

La experiencia Dios es un flujo de ideas a nuestra alma durante esa experiencia sublime. En la magnitud, la velocidad y la potencia de ese esplendor que estamos recibiendo de la fuente inagotable Dios, así va a ser nuestra experiencia.

Cada uno de nosotros, en algún momento de nuestras vidas, podemos sentir destellos de energía y luz fluyendo a través de nuestro corazón. Esta experiencia personal puede ocurrirnos en un servicio religioso, al escuchar un cántico, al pasar o estar en una situación de reto, en un retiro o en medio de una meditación.

- En Apocalipsis 5 nos encontramos con un libro, con sellos, con un **Cordero** y con **un cántico nuevo.**

Juan, apóstol y discípulo de Jesús, en 28 ocasiones se refiere a Jesucristo como **el Cordero.** Este título que adquirió Jesús y que estaba guardado por siglos, aparece constantemente hasta finalizar las Escrituras.

Juan El Bautista, al comienzo del Nuevo Testamento, cuando vio a Jesús dijo: *"Este es el **Cordero** de Dios que quita los pecados del mundo".*
Juan 1:29

193

La experiencia Dios es **un cántico nuevo**, es la experiencia más sublime. Cuando la experimentamos por primera vez, nada antes había significado tanto espiritualmente. Ese **cántico nuevo** solamente lo podemos oír, cada uno de nosotros, individualmente. Es personal. La canción que escucha nuestro corazón nadie más la escucha. No es colectiva.

El sendero en conciencia que hemos recorrido, ha logrado que elevemos el tono espiritual y aumentemos el volumen para que se escuche nuestro testimonio del Cristo morador, donde quiera que estemos.

Jesús les dijo a setenta de sus discípulos *"Id por todo el mundo y predicad el evangelio a toda criatura"*. Marcos 16:15

"El Cristo en mi reconoce y bendice el Cristo en ti".

de Adán a Jesús nos enseñó: a escoger el camino superior y expresar el Cristo en nuestras vidas, a mantenernos en unidad con la Fuente inagotable de Bien, Dios, a seguir a Jesús, quien nos guía, a través de sus enseñanzas, a lograr una vida abundante y plena, pues las cosas que Él hacía, nosotros también las podemos hacer.

Aprendimos en nuestro camino que la razón por la cual no hacíamos las cosas igual o mayores que Jesús, se debía a la programación en conciencia, la conciencia adánica, a la cual se nos había sometido desde antes de haber nacido. Las creencias de nuestros padres las fuimos aceptando desde nuestro nacimiento, no escogimos nuestra religión, nuestras costumbres, nuestra lengua, nuestros valores. Las aceptamos al nacer y a la misma vez, aceptamos la *"conciencia colectiva o conciencia de la raza"*.

Toda esa información fue a nuestro subconsciente, que es el almacén de nuestros pensamientos, memorias y emociones. Nos creímos toda la información que se nos suministraba. Todo lo que se cree, se acepta por fe. No hay un solo niño o adulto que no haya pasado por esta programación. No escogimos ni siquiera el nombre que íbamos a utilizar el resto de nuestras vidas.

Se necesita valentía, trabajo, coraje y una mente y corazón receptivos, para desafiar nuestras propias creencias.

El miedo, temor, la falta de coraje, pudo mantenernos atados en conciencia adánica, a esa programación. Si anteriormente atraíamos la conciencia adánica a nuestra vida, ahora atraemos la conciencia celestial Crística.

En el estado de conciencia Crística abrimos las fronteras de nuestro corazón, expandimos horizontes en nuestra alma y caminamos senderos jamás imaginados, de inagotable serenidad, paz, armonía, unidad y plenitud. Este estado ya no es un sentimiento, es una realización de nuestra unidad con Dios, somos parte de la totalidad.

Nuestro tiempo es ahora, vamos a establecer nuestro propósito, aceptando la invitación a que se nos *revele* *el nuevo nombre.*

_____*Cristo*